在藏區體驗神聖的
賽馬和圓圈舞蹈
享受特殊風味的
飲食：犛牛火鍋、酥油茶

跑馬溜溜

川西 康定行

陳亞南 著

序

川西很迷人，很難用三言兩語來形容。

川西指的是哪裡？跑馬溜溜的山上，一朵溜溜的雲呦，端端溜溜的照在，康定溜溜的城呦。——康定是知道的。

情歌還在唱呢！哼一哼康定情歌很愉快。

可是「川西」的手姿，絕不是這歌詞所單一能表達的，短短幾天裡，同時能體驗金秋繽紛和皓雪寒凍；高天闊地和苔步仄徑；氂牛青稞和甜果蔬食，尤其美人老婦與石碉藏寨，都是美麗的風景之一。

我只能用俗話來說：天與地展露著的一種撩人心魄的情韻，而那遺世獨立、卓爾不群，我實在拙於描述的文采，而慶幸自己來過一趟。

喜歡川西，喜歡的心願是希望它恆美如斯；喜歡的方式是真誠的記述下來。

*

也曾天人交戰過，我這樣的歡喜記述，究竟有沒有意義？也有人質問我：不是什麼大人物、大作家，誰要看你寫的東西呢？

然而，我的堅持告訴我：既然是歡喜和真誠，什麼褒貶都不必計較了，管它這個年頭景不景氣，有沒有人在乎你。

教宗保祿二世曾借雨滴來比喻人生的道理。

春天的雨水不停滴下來，可是幼嫩的翠綠葉無法盛載雨滴的重量，只好任它滑走，無法留住。

山川、人情、記憶與邂逅，我是否有足夠的空間去留住很多那些美麗？每一天的奔波都如雨水般滴下，我要用我的筆與我的鏡頭的容量，來留住和領悟其中的珍貴。

如同很多人一般的喜歡旅行。天地這麼大，我要盡力看看一二！

我也贊同有人說的：旅行比作夢好，夢裡幾個小時，醒來，不免悵惘；而旅行幾天幾夜，身歷其境後，美麗延續無窮。尤其這個世間的美好和奧秘，每個人的經歷和發現都是獨一無二的。

跑馬溜溜

川西康定行

6

目次

參

肆

逆溯大渡河

伍

迷彩大金川

陸

柒

捌

四姑娘山

玖

長坪溝　半日自遊

拾

遊長小金川

拾壹

一遊未盡

壹

天府南來第一州

住宿
住宿

成都到邛崍

蘆葦柔嫩的粉紅在公路邊近溪河處搖曳，三十多層高的一式樓房漸漸隱遁，這在在明示：我們已身在成都郊外了。

木芙蓉花紛紛轉換著色彩，黃野菊高出路堤，欒樹的蒴果紅赭成簇。綠色路告牌提示著：

上海↓拉薩

成都↓邛崍段

心中有些撼動，那不再是旅遊指南上的幾個黑白的字樣了，而是確實可以引領你到遠方的指標。

好不容易盼來休假的同行女兒，眼睛幾乎貼上窗了，要捕捉的景啊，其實還沒開始呢。

愈行愈入川西，視野愈加開闊，黑瓦矮牆院落漸漸零星閃在樹叢中，斜江河……漸漸湍流而下，一絡絡的茶樹，盤盤繞拄在坡麓上，那茶叫蒙頂茶。茶馬古道要開始了，也要正式進入邛崍了。

平樂古鎮

一直走到白沫江的上游，來到平落堂、平落老虎坊，我和女兒才恍然了悟鎮口那一座巨大的牌坊：「平沙雁落」，與平樂古鎮有怎樣的關係。

平樂古鎮原名平落啊！平落，平沙雁落。《平沙雁落》是國樂中一首宛然如畫的曲子。不過，管它平落、平樂，只要它是讓人歡喜打尖歇息的地方，它就是讓人身心安頓的好所在。

一派山青水秀，恬謐悠閒。真好！

從住進客棧，可以打開後門，穿過草皮，直接下到河邊，風吹烏臼樹，樹下即門前，這讓我們覺得真是寬舒和古意。尤其下到河邊後，沿河的青濕滑磚，更彷彿帶領著記憶：回到小時候，住在鄉下河渠邊的時光。

所以，近傍晚吃晚餐前，我們已經繞著小鎮閒晃了近兩個小時。小古鎮被環抱在群山裡，有清江環流於外，而白沫河是穿過小鎮中心最美的一匹白絹，河水湯湯，淨潔溫柔。面河擺幾張小桌和竹椅，喝茶、喝酒，臨風聽水聲，聽野鳥嘎啼，都是痛快；或者乾脆和朋友談天、玩樸克牌，也是樂趣，因此沿河的老街多為茶舖、酒舖和客棧。

而老街兩邊的房屋多為一樓一底的木結構建築，下層做鋪面，上層居家，我和女兒一會兒仰頭看屋樑，一會兒忙著看鋪面，完全脫隊了。

脫隊就脫隊，小鎮雖有三十三條古街，卻也井然，都能通向河面，有些老店鋪，仿古擺設，齊全開放，女兒樂得盡扮掌櫃，如在舞台上飆戲。由於大陸本地的遊客特別多，我們也見識了大陸第二代或第三代的富足，他們手執攝影機，為實驗小劇團來到這兒拍戲，幾個小女生中，分別任務：有導演、有演員、還有編劇和劇務。我忘神的看著她們彩排、拍攝……一遍一遍，那種種神情好像非常非常多年前的我。也可以這樣說：不管甚麼年代，戲劇都是很迷人的藝術！

白沫江與古綠榕

白沫江非常漂亮，沿河有長長竹林，有江南垂柳，有小拱橋、虹霓橋；瀑布之上有老房子，沙灘河床上也有堆疊造型和曲迴流觴。因為是星期六，很多很多成都人來這兒度週末假日，沿著白沫江的河灘上處處有玩水的人，人聲笑語也在河風中遠遠傳蕩過來。

由於古鎮從開建以來，已有兩千多年的歷史，從秦漢時代就是川南蜀道，鎮上人見慣了而不以為奇的皂角樹、老榕樹，都已有百年以上的高齡，其中一株護守漁市拐碼頭的老榕，更是高壽，人們在樹下還安放了一尊白瓷觀音。我在老紅橋上仰望，那老榕樹變成群鳥來投，唱出悅耳天音的綠色巨琴，又我來回走上兩趟，聽著黃昏風中的鳥啼，全身都泛起恬靜的暖意。

私奔碼頭

入夜後，本該好好大睡，凌晨五點為趕飛機而中斷睡眠，實在疲累。一向視睡眠為美容秘方的女兒，這時卻跟我說：外面的燈光超漂亮的。

是啊，遊客聚集該是喧譁的河邊，何以有另一種熱鬧又安靜的矛盾？

夜空中，客棧的紅燈籠閃爍著，河邊廣場人們一桌桌的圍簇，蠟燭和話語在白沫江流中成了浪漫的星點。江水悠悠，那座古鎮裡最有名的樂善古橋，環橋洞拱的霓虹燈光也全亮了起來，橋壁多添了一點兒華麗，橋下河水則金光粼粼，飄飄蕩蕩好像多了些放任的激情。那樂善古橋一共有七個橋洞拱，洞拱是少見的桃形設計，就連整個江南算在內，也是保存最完整的一座。

我們上橋，再去看看小鎮上另一處歷史聞名的私奔碼頭。夜間會是怎樣的情景，一盞燈下能多添幾分情緒？「再走幾步是碼頭，船來船往萬里行。」我想到一齣愛情戲裡的兩句台詞，也聽到有年輕人自問自答著為什麼叫私奔碼頭？

一個女人的愛情故事

私奔碼頭，關係著一個女人的愛情故事。

故事的前半段，其實是很老套的才子佳人相遇相愛。

男主角司馬相如，蜀郡成都人，西漢辭賦家，曾為梁王寫了一篇《子虛賦》，詞藻富麗，結構宏大，使他成為漢賦的代表作家。

不過，那時二十多歲的司馬相如仍是落魄不得志的文人，不得已回到故里，投靠臨邛令。雖然投靠縣令，但是他對縣令卻表現得十分倨傲，因而引起當地富豪的注意和打探。臨邛首富卓王孫特別設宴相請。

女主角卓王孫之女卓文君上場了。文君識詩書、通音律、好撫琴，貌美絕色但卻不幸新婚守寡。司馬相如早已知悉，當席間賓主都被司馬相如的風采所折服，請他表演一首琴藝時，他便彈唱了一曲早已譜寫好的《鳳求凰》：鳳兮鳳兮歸故鄉，遨遊四海求其凰……中夜相從知者誰？

文君隱在簾後，果然被琴中鳳求凰的情意打動，深夜來奔。相如大喜，攜著文君，便自碼頭乘著舟船順流而出。

這一下，白沫江的江水豈不是成了順水推舟的媒人和證婚人嗎？

故事並沒有結束，這只是前半段。

後半段更精彩，才算是故事高潮。

去到成都司馬相如夫家的卓文君，驚訝發現：所謂的「家」，只有四面牆柱支著屋頂。

她知道這苦日子很難過下去的。

於是她典賣所有首飾，和司馬相如回到臨邛，開了一家小酒鋪，自己親自當鑪賣起酒來。

（「難怪這古鎮超多賣酒的。」女兒插嘴說。）

這一來可轟動了整個臨邛。逼得卓王孫趕快送還了卓文君昔日的舊嫁妝，還贈與她錢百萬、童僕百人，讓她風風光光回成都。唉！卓王孫可能要這樣唱了：「小河比大海更氾濫，家事比生意更麻煩。」

命運偎大邊的是：《子虛賦》後來被漢武帝看到，大為賞識，幾經打探便召司馬相如進京。司馬相如也為漢武帝寫了一篇天子打獵的《上林賦》，比《子虛賦》更鋪排。好大喜功的漢武帝非常高興，立刻封他為侍從郎。

同時武帝的皇后陳阿嬌，因嬌妒而失寵，冷落於長門宮，幽怨欲絕，聽說漢武帝喜愛司馬相如寫的賦，便差人送上黃金百金請司馬相如代寫一篇文章。司馬相如鋪寫了《長門賦》，以文字魅力，感動了漢武帝。

在長安被封為中郎將，仕宦得意之後，司馬相如竟然興起休妻念頭。有一天，他派人送給卓文君一封信，信上寫著：「一二三四五六七八九十百千萬」十三個大字，並要卓文君立即回信。

卓文君看信後，明白夫君的意思，也知道夫君無「億」思念並有意為難。傷心中，她仍提筆回道：

一別之後，
二地懸念；
只說是三四月，
又誰知五六年；
七弦琴無心彈，
八行書無可傳；
九連環從中折斷，
十里長亭望眼欲穿；
百思想，

千繫念；
萬般無奈把郎怨。
萬言千語說不盡，
百無聊賴十依欄，
重九登高看孤雁，
八月中秋月不圓，
七月半燒香秉燭問蒼天，
六月伏天人人搖扇我心寒；
五月石榴如火偏遇陣陣冷雨澆花端，
四月枇杷未黃我欲對鏡心意亂；
急匆匆三月桃花隨水流，
飄零零二月風箏線幾斷。
郎啊郎，巴不得下一世你為女來我做男。

收到信後的司馬相如，心驚不已，夫人才思如此敏捷，尤其用情良深。回想自己月夜琴挑，兩人當鑪賣酒的種種往事，心中湧起波波浪濤，從此不再有休妻念頭。

解決婚姻難題要靠的是女性自身的努力。「私奔碼頭」寫照的是一個「聰明勇敢、為自己負責，終於得到她所要的愛與人生」的女人故事。

不眠的夜

雖然說著私奔的故事，腳步不知不覺已逛到古鎮進口處，有平沙雁落音樂長廊，環形仿古新建築，裝飾著流蘇串燈，在夜晚顯得比白日更美麗。

說著故事又和女兒一同散步，近乎10℃的山間，凝霧冷霜懸浮空氣中，使得各家店鋪燈光如紗簾般。逛過風雨亭，逛過散花書房，逛過「在雲端」，夜晚的客棧特別有一種不知今夕何夕的美感，彷彿聽到小鎮穿越時空的歌聲。

貳

進入川西

走在茶馬古道上

今天要走茶馬古道。

特別在「南方絲路」標示下拍張照片。

「出邛崍要到川西雅安、瀘定、康定……，要走以前的茶馬古道。」領隊說。

其實出平樂古鎮往瀘定去，正是沿著茶馬古道。

茶馬古道是一條穿越整個青藏高原的道路，東起四川雅安，經瀘定、康定，過理塘、巴塘、芒康……，或從康定經甘孜、德格，過金沙江經江達、察雅而進入昌都，今日大家所走的現代川藏公路北線南線，就是沿著茶馬古道修築的。

車行速度超快，卡車、貨車絡繹，成雅高速公路一路往西，路況佳。邛崍雖是高原，然而尚感覺不出身在高處來，卻是能夠看到一路逶迤小坡的大馬路，路旁盡是川西平原風光。

過岷江，過西康大橋，正式接上川藏公路，進入川西的雅安縣境。

茶馬古道開闢於何時呢？

茶馬古道多少人走過？究竟怎麼走呢？

我的心思裡反覆懸念著。

九點多鐘時，車停在茶馬古道挑夫塑像前面。

雖說只是古道挑夫的泥塑雕像，那臉上的悲苦，肩扛的重物，以及臀部下支撐體力的邛竹杖，還是讓我恍惚以為傍著的是一群活生生的人而落下淚來。

尤其，鑽過小橋，從橋下雜草叢中看去，特別有跋山涉水，踏荊踩棘的荒涼。其中有亂髮女子，是個女挑夫。是和丈夫一起餐風露宿的認命女子，懷中還有個嗷嗷的幼兒，還是深背生活重擔的無依單親媽媽？馬幫辛苦，女子豈不比男子更辛苦，更擔受煎熬？

自古川西北黃河流域的藏區，因盛產「河曲馬」而聞名，體態驃悍，高大威武、四肢發達、強壯有力。還有在青海省海北藏族自治州境內也有

「門源馬」，形體均勻、身長、老實、機警靈敏，耐力強善奔跑，是龍駒馬的後裔。

歷史上，藏族先民就用藏區出產的那些名馬與內地漢人的商販換取茶葉、藥品、絲綢……等等生活用品。而漢民族更是將茶葉製成茶磚、茶餅託藉馬幫商販銷往藏區。飲茶之風遍及藏區越地時，最初用的是這一路來，高速路旁頂著的一張一張的大看板：「千秋蒙頂，茶山天下」的蒙頂茶，後來又陸續的加入雲南的滇茶了。

說來茶馬互市，是漢藏民族間的一種傳統形式和經濟關係。唐朝北方有絲路，南方則有茶馬古道。北方駱駝走沙漠，穿越敦煌、新疆，這絲路是大家比較熟悉的；南方馬幫走山路，馬幫多則百人，少則數十人，從成都為起點，經四川、雲南到東南亞及印度或更遠的地方，路徑如網，行經更為荒涼險巇。

但是茶馬古道上終年行走的隊伍，老闆是滇、川、藏擁有馬隊騾隊的商人商號，而趕騾趕馬的腳夫是來自相關地方的窮苦打工人，工資待遇本就仰人鼻息。某些地段馱隊不利於行，再加上畜牲少人口多，人力賤於畜力而負重勝於畜力時，則招徠一無所有的人以此謀生。至於揹負百斤重的茶包，中途要翻越二郎山、過折多山、大渡河，甚至缺氧的高山啞口，不僅成為山賊或原始部落搶奪燒殺的目標，前途未卜，死生不定；而且一步步走過九百里路，走得皮肉潰爛，卻幾如壓榨的無酬勞。

為什麼這樣的環境和生存需要，得迫使每一代的人之中都有許多人無從選擇的要選擇這樣的生活方式？為什麼獲利者總是一副主宰生死的慳吝角色？

生命可能是一塊寶石，而換了一個場景、一個角度去看時，它又像一個脆得不能再薄，或者毫無值錢的玻璃。

遙遠的謀生道路是用艱苦血淚砌成的？我的心很難過。

好事多磨

只拍了幾張照片。

但是仍納悶為何此地只停留個十分鐘，要求下才多停個五分鐘？

我的好朋友曾焰寫過一本以雲南白藥為背景的小說，其中不少篇幅敘述馬幫的艱辛，其中就說道：要占卜挑選吉日時辰出發，疏忽不得。

想道這兒不免多猜疑：難道我們也是選擇吉時出發？七點的早餐，領隊硬要提前到六點。

「早點出發，不能準時晚上六點前趕到磨西鎮口，誰要負責？」我們這領隊很強勢，地陪只能照辦。

可是，摸黑中吃完了早餐後，發生一樁找相機事件。完完全全沒法掌握的突發狀況。

原來團中「十人家族」，前一晚買了平樂鎮上的卓文君好酒，酒酣香甜後，忘了隨身相機放在哪兒了，也不記得帶回了酒店沒？

翻箱倒櫃、追絲剝繭。

找啊找，全家族找，全車找。

出來旅行，相機丟了鐵定懊惱到極點；而在大陸旅行，丟了東西更幾乎是很難找回來的，尤其是新式的數位新相機。

折騰了好久！好久！

結論：掉了！沒得找了！

真是人算不如天算。結果比原訂時間還要晚上半小時才得出發。

唉，也許因為我們沒有占卜，挑選吉時良辰吧。

青衣江畔

過茶馬古道塑像之後，雨，忽有，忽無；忽大，忽急，直向車窗敲來。人家稱「雅安雨城」，女媧補天遺漏的地方，冷雨敲窗中真有一點那種況味。

因為雨多吧，所以一出雅安市區，我們沿著的河流青衣江，江水碧綠滔滔，看得出水力豐沛。

我突然疑惑起來，如此豐沛水力，為何不發展航運？詩人說：客路青山外，行舟綠水前。一路順行，半天就能到瀘定啦！

車行十分鐘後，大自然告訴我答案：盡是花崗石、大理石的峭稜峽谷，誰能掌舵，連路都忽寬忽窄？

不過，我喜歡這青衣江。李白曾經作詩：「峨嵋山月半輪秋，影入平羌江水流。」詩中的平羌就是青衣江。「青衣江」這名字，京劇裡那清揚婉轉的唱腔，那典雅蘊藉的閨秀女子，啊！青衣，多美麗的形象。

而且青衣江江水，一方面真是碧綠綠的大家閨秀，牢牢吸引著江岸山巖上的綠樹森林、果樹叢林；一方面也如是一個堅忍任勞的大族長媳，兀自繞過座座青山、無名澗谷，負馱起一串古老的歲月，在群山們的阻撓中仍找到了自己該走的路。青衣江可忙碌的呢，忙於跳跳蹦蹦的趕路，忙於充實生命的內容，也忙於照顧那一大家族注入了翠綠。

所以沿河梯田田畝裡，麥穗正成熟著金色的穀粒；紅心奇異果成熟摘採，一家鋪子接一家鋪子，籃裝沿路販賣的更不可勝數，這也無啥稀奇，原生奇異果本來就在四川，傳入紐西蘭後才被改良品種，成為今日的風貌口味的。尤其品嚐這果子時候，還應該可以想見一邊是邛崍山脈，一邊是橫斷山脈，山中的清新，包在這果子中，定然能夠一口下肚了！

過二郎山隧道

進入小鎮又出小鎮，路越走越窄，地培說要進入二郎山範圍了。從沿途的標示可以知道過金雞關了，過碧峰峽了，過野豬灣了……，光從這些前面的先遣部隊就推知二郎山的險峻啊！雖然沿著青衣江畔一片片梯田，但是地衣苔蘚濕滑，雜樹竹林密匝中，還是可以看見馬匹的行蹤，向細窄隱蔽的山徑攀登上去。

「真的有人趕著馬匹過山。不是眼見很難想像！」女兒說。

二郎山是一座界山，青藏高原與四川盆地的分別界線。

雖說是分別界線，範圍長寬有數萬公里，地形的險惡非比尋常，雨季時，時常有泥石流、落石及坍方，難怪茶馬古道的挑夫常嘆著：二啊麼二郎山，高啊麼高萬丈……。逢雨必斷，有時甚至連路基都找不到，怎不令人興嘆：蜀道難哪有川西險！

然而現代，依然層巒疊嶂在幽長的公路前方睥睨著。

然而現代，路窄車多，加油站前更是逆向、順向打結般的糾纏，一樣難行。

當然，我們的車子也走走停停，盤盤曲曲，有人曾如此寫道：川西蜀道百步九折縈巖巒。

的確，翻越山嶺的盤山路，處處是連續的急彎和爬昇。偶爾下道山鄉，不少小車呼的超車，從高處看去，才知堵車啦。

「開始堵車，可能一路會堵到隧道口。」地陪向得之領隊報告。領隊的臉垮了下來。

河谷蜿蜒，這兒是漢區到藏區的過渡地帶，具有濃重的邊緣文化色彩，只有野地，海拔高又濕冷。堵啊堵，連師傅也不耐，索性下車去「瞧瞧」。

「修路，控制車輛，單邊放行。」這是唯一消息。

純烤　酷啊

二郎山隧道是中國最長的公路（三一八國道）隧道，又建在高海拔二千一百八十二公尺地帶，又是較早的最長的隧道四千一百公尺，因著這麼多原因，它實在聲名不小。進入隧道前有龍膽溪，再不遠處，還可以看到路牌向另一方向指示：「川藏舊路」。正因這隧道的修通，使得人們不必再走危險又遠繞的老路，它更是聲名遠播。

堵車繼續。

師傅回來又再去，地陪也跟著神秘失蹤。

有那麼嚴重嗎？

天氣不怎麼好，霧總沒有消散，本來就是「天塹」，不僅峭險而且氣候惡劣，難怪被說成千里川藏線上的第一道咽喉險關。

湊巧的，車子裡正播放著一路到拉薩，不管路多遠的藏族歌曲。哇，很速配這時候的情景。

然後有人眼尖，瞧見師傅和地陪在車陣中吃烤玉米，炭火純烤黃玉米。有人發難了說：我們也要吃。燕玲更直接的要跟地陪分半。

「買個十隻回來分。」

託別人買，不如自己去買，瞎拼本身就是趣味。團友紛紛衝下車了。有人幫忙挑玉米，有人忙拍照，山鄉老闆樂得加把勁，今天真是好買賣。濕霧中瀰漫著烤穀類的香，好香，好香！

肚子餓，過午，快近一點半鐘了，再說這種烤法更是原味香甜。直到終於可以通車。走了，走了。師傅興奮的吼叫聲自遠傳來。抱著香玉米快快上車啊。

正式過了二郎山隧道了。

看看表，行車只有七分多鐘。

一出隧道口，正對著山巒，沒有霧茫的痕跡。公路仍是沿著刀削般的石壁，下探著另一方幽深的峽谷。

山頂之上全是荒漠，雲快速地飄移。

然而讓我對二郎山心存敬畏與推崇的，不只因為它是茶馬古道上第一座大山，開鑿了最早最長的隧道。以二郎山為界線，前後怎的會有完全不同的天地？山前：雅安、成都，像江南般多雨；山後瀘定，晴朗又乾冽。二郎山以什麼樣的神力，把東來的暖濕氣流擁抱在胸前？讓纏纏綿綿的青衣江頻頻回首，終而不捨的流遠，只留下像似江南的林原、綠野、茶香？

高呦高呦，二郎山隧道。

告別青衣江，從瀘定開始，我們依傍的已經是大渡河谷地了。

參

神秘海螺溝

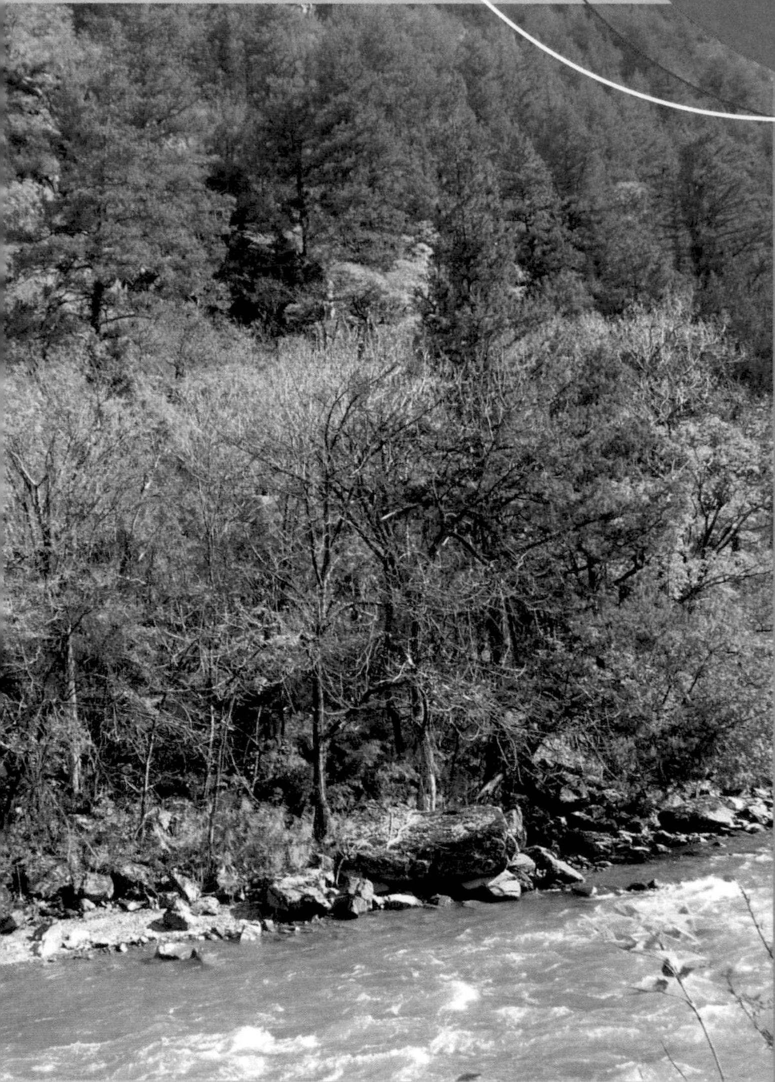

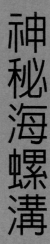

海螺溝冰
贡嘎山·海螺沟
国家重点风景名胜区

北緯三〇

聽說北緯三〇是神秘的緯線，奇山異水令你目瞪口呆。觀世音成道的普陀山、亞洲最深最長的騰龍洞、有比美黃石峽谷的恩施大峽谷……

這條緯線上有很多奧秘。別不相信。來到海螺溝你就信了。

三號營地

正值深秋時節，天氣讓磨西小鎮加添了一層灰濛濛的色彩。等足了溝內公車的滿座，才終於駛向九彎十八拐的盤曲山徑。

車票很貴，一人七十元人民幣。比幼兒園的娃娃車大不了多少，但是要擠上三十多人和行李。車窗無法打開，一種窒息的感覺彷彿要與灰濛的天空色調相吻合。高收費卻連低服務也無法要求。

「還好我們是來看風景的。」直率的秋菊話更直率。

幸好烏嚕作響的引擎聲，很快的將我們帶進了起伏的山巒間，綠樹成黛，而變葉木卻已換上了繽紛彩妝。望不到盡頭的原始森林幽忽忽的，感覺著莫測的神秘。

啊，山徑上也有著大背包客！

由於我們住在三號營地，環保公車要穿山繞腰，穿越原始森林、草海子，每一營地下去幾個遊客。一開車門，倏地一陣冷風颼旋進來，從進入二號營地開始，天色就暗得好像走在有弧頂的長廊。約一個小時，才到達我們晚上要住的金山大酒店。

海拔二九四〇公尺。

磨西鎮↓十五公里↓一號營地↓八公里↓二號營地↓七・五公里↓三號營地。

（海拔一九四〇公尺）（二六六〇公尺）（二九四〇公尺）

冷雨帶著細冰粒朝臉上甩來，縮緊了脖子，跳騰著腳下。

媽啊，這什麼地方呀！大酒店內雖然開了不少燈光也冷得有些淒涼。

好冷，好凍。

「還不冷，下月份平均也有負九度。」媽媽咪呀，櫃檯歐巴桑輕描淡寫的說。

冷雨開始下得更大了，整個房間迴盪著冰冷。

「為何不住一號營地？還可以泡溫泉！」團中有人問著。

「三號營地才可以直接看山。」

「要看美景就要忍耐。這一趟就是為這個來的。」

金山抱抱

冷凍得地板都吱軋支軋的響，電暖的床鋪看似很溫暖，但又實在像冰冷的孤島。窗外刷刷像雨的聲音喧譁了一夜。

聽著一夜細細刷刷的聲音。經歷著一夜折磨人的高原反應。無精打彩心灰著。

「可能無緣拍到『日照金山』吧？」女兒一邊把厚衣全穿上身一邊問我。

「下雨，別想！除非我們是福星。禱告吧！」

話還沒說完，旅館工作人員來敲門了。「要出來了，要出來了！」

「要出來了！」誰要出來了？當然是主角——金山。

真的？真的？

金山大酒店的位置就在大雪山下，站在酒店樓頂上，就可以完整看到蜀山之王——貢嘎山。

黑矇矇中、緩步急喘下出得頂台，樓頂已立了好一排腳架。四周環山合十，闇黝中只有極高遠的蒼穹彷彿透出絲絲光線。貢嘎山就在那光線之上。

黑與灰，黛與黑，景色分外肅穆。

然而就是在這樣簡純的氣象，讓人怦然心動、歡喜愉悅。

「下了一星期的雨，昨天更是下了一天。每年的六月到十月為雨季。」靜待太陽出來的時刻，有人悄聲問詢著。

「入夜氣溫驟降，我就知道準下雪。」

這才發現頂樓露台一大塊一大塊的厚冰，有些腳角還有尚未掃盡的積雪，黛黝的原始林稍上點點微銀，是積雪的足跡。

原來，昨晚的刷刷是一夜的下雪聲；原來，昨晚的驟冷是為一場華麗作預告。

頂樓露台站滿了翹首等待的癡心人。冷嗎？當然冷！可是日出的大劇「日照金山」，冷！算得什麼呢？

痴心人裡有馬來西亞來的，有自上海、雲南以及新疆來的。大陸近年來經濟起飛，攝影旅遊十分興盛，自駕車或包租小車的小旅遊團很多。

太陽昇得很慢，大家卻出奇有耐性的等待。直到無名峰上罩披了一圈金色領巾。

金光部分慢慢擴大，金光有腳啊，跳來跳去。然後登上了蜀山之王——貢嘎山頂，金紗披垂哪，簡直是讓人瞪大了雙眼極目凝視，上帝也惜金惜福，那一道金光正足以作了蜀山之王——貢嘎山的冠冕。而那鋪灑了金子般的峰頂，正筆直的向藍天昂首。

群山被喚醒了，剎那間整個山嶺都產生了共鳴，一層層峰巒及雲霧，閃閃生亮，可以用「璀璨生輝」形容。

昨夜的大雪多麼匹配這裡的莊嚴。

太漂亮了！

用貢嘎山的風景來做早餐，迢迢千里，就是為了眼前的驚艷。

按下快門，心中竟有一分鐘的寧靜，感到一種敬畏之情。

銀妝素裹四公里

太陽昇空後，整個雪山山脈呈顯著銀色的奢華瑰麗。

這個早晨，我們還有項大享受——走上四公里路去坐索道，看貢嘎山大冰川，也就是所謂的海螺溝大冰川。

四公里路很遠吧？

我們鑽進了原始森林間的迂迴小路，昨夜下的雪，雪白的貼著交織的林蔭枝稍和地面蕨草，高壁處，陽光俯照下如流蘇的垂冰，簇簇積雪成花的葉叢，華麗的景象，神異的冰涼，讓人目不暇給。

雪松上的蕾絲織花，要拍！枝枝銀柯圍成的拱廊，要拍！枯藤雜樹更是創意的花紋，要拍！

女兒拍得渾然忘我了。

這秘密小徑，卻只有我們五個，因為其他人搭車去了。上山的公交車，厚重的引擎聲，自斜坡轉彎處傳來。其實走這小路，也不免有些費力，腳下厚實的積雪，不免有些寒涼，只是這種銀妝素裹的原始天地，連靈魂也像著了魔似的，套句女兒的禱詞來形容：我們是在天堂聖潔的空氣裡，在裡面自由的翺翔。難怪連高山反應都沒有了。

不過我們仍小心謹慎的走過，並且壓低了所有的聲音，傾聽周身雪融滴落的清脆和寧靜。

清蓮說：這四公里路是享受。

雪山觀景

在陽光的照耀下，峰頂的積雪以及繚繞的雲霧都抹上了一層銀亮，使它更有一種神秘的威嚴。

大雪山脈最高峰海拔七千五百五十六公尺的貢嘎山，纜車索道前的觀景台上便可以盡覽芳容，甚至巨大的冰川也盡現眼底。

貢嘎山藏語就是「雪山」的意思，群山脈脈，林木鬱鬱，蒼穹蔚藍下雪白成了唯一最美的高音。

李白曾寫詩讚嘆「蜀國多仙山，峨嵋邈難匹。」唐代川西北高原還是一片可望而不可及的禁地，若是李白能有機會眺望或來到貢嘎山域，或者只來到貢嘎山麓，不知又有多少磅礴的詩文？

這位於大雪山中段的貢嘎山，相傳天上貢嘎仙人下凡到人間遊玩，來到這片高山草原，見這兒山青水秀，人和地祥，深深的愛戀不願離去，百萬年復百萬年，終於化作雄偉壯麗的貢嘎雪山，永遠留在人間了。

如果沒有這貢嘎山，偌大的青康藏高原頓然沒有令人載奔載欣的誘惑，「尋常一樣窗前月，才有梅花便不同。」這兩句詩應當不只是純粹的描寫景物，該也是指天地的玄妙和人生的境界吧！

早晨的山色美，海螺溝的山色更美，銀白的山光自貢嘎山的前後面傾潑而來，把整個山野潑得無垠鋪展。

女兒說這一趟休假之旅真是意外，我們怎會來到這裡呢？因緣際會。

我們原本要去的地方江西三清山或斯里蘭卡，都因人數不足不能出團。還好我們一向不拘限，天地太大了，走走平素鮮少探究的地方也是喜出望外。不同的地方激盪出不同的見識和想法，也是不錯的度假。

於是這麼美麗雄奇的地方，我是不忍心浪費時間、眼睛和底片的。太超過的是：女兒和秋菊連索道巔盪，也不畏怕，要拍出幽暗深谷裡的山色和雪花。

直到站在觀景台，偌大的白色天地間，大得你直呼棒啊！豪氣啊！觀景台裡泛溢著笑聲和嬉鬧聲。對嘛，在這裡拍照，怎能死板板的杵立呢？我跟女兒說儘管抓雪放馬投擲過來，赤子之心的丟著雪團，才能配得起這樣的饗宴。

從來沒有這樣盡情玩過雪啊！雪團竟然丟到秋菊的寶貝相機上，比對準了還要俐落。秋菊要生氣也生氣不起來，ㄚㄚ兩聲，惹得我們哈哈直笑，忘了道歉。

大冰瀑布

離開觀景台，下到冰川區。

一條貫穿沙棘林、高山杜鵑、水杉、雪松……層層叢叢的枝柯步道，夜間的大雪已經讓它鋪成了白色的長條銀河路，而那些繁枝茂柯也因沾滿雪花成為叢叢簇簇的白珊瑚。

進入水底白珊瑚世界。

我叫女兒學魚兒動作。她說我先示範。

唉啊，就是鑽進白珊瑚裡嘛！

真的很好玩，我們笑得雪枝亂顫。

不過我們可不是最超過的，有人貼著白珊瑚或者鑽進隙縫就露個滿是雪花的白頭，或者乾脆趴在雪地裡，來個全身擁抱。有人搖動高處樹枝，搖落一身雪花，口喊著：「許願啊許願啊！」無數雪花比流星雨還要浪漫。

沒有人覺得你怪異，大家都成了頑童或小孩子，男士還更愛耍酷哩！

所以我覺得我們來看貢嘎雪山，看大冰瀑布，其實嘎雪山、冰川瀑布也在看我們、讀我們，笑我們甜甜的愛戀和憨憨的流連。

因此我情不自禁的想：「貢嘎雪山」這四個字包含著的東西太多了，包含有大冰瀑布，冰面河、冰下河、冰裂隙、冰石磨菇等等，還有閉起眼睛聽到的落雪和聞到的清冷，還有更多發自心底的讚嘆。

雪域高原多麼廣大的藍天下啊！

這時，幾個轎夫前來遊說坐轎，說至少還有兩三里的路，下到冰川邊。起伏的雪堆如推湧的浪潮，別說冰川邊，連冰川上也有許多遊玩拍照的人，熙熙攘攘，很熱鬧的呢。

我們考慮了一會兒，還是決定徒步下到冰川，雙腳走過，雙手觸過，甚至滑跤屁股親吻過，都沒有關係，那才會有難忘的回憶。

冰川舌面

下到冰川，冰瀑兩側濃密的森林，顏色深濃如墨，一抬頭海拔六千多公尺的大雪山更顯雄偉和壯麗，銀光閃爍的蜀山之王——貢嘎山，以君王正面的天威龍顏瞪視著你的心魄，讓你不得不謙卑的低下頭。

所幸貢嘎山也是個慷慨的君王，你來朝山，祂絕不讓你空手而回，你可以看到一道固體的冰川形成浩浩蕩蕩的氣勢向東而去；迢長的冰川舌面的末端遁入原始森林帶內，像一條織滿了祝福的哈達，到了磨西鎮就變身成大渡河的支流磨西河，一條緩緩流動的河谷，日日年年的哺育祂的子民。

這貢嘎雪山裡，究竟還有多少誘惑我們的神秘和莊嚴？

我想起了曾讀過的一篇文章，大意是說：在這裡，大自然是野蠻可怕的，但同時也是美麗的。我敬畏的看著腳下的土地，看著諸神究竟創造了些什麼？祂們的傑作的形體、構造和材質……。

對於大自然的常識和學問，我知道的很少，只知道能夠到達這裡來，這本身就是妙極的了。

感動

回程，冰川索道引領我們再次回眸貢嘎雪山——王者之尊，以及祂東面的六千多公尺的無名峰。

回味這一趟：喘吁、滑跤、驚呼⋯⋯，一如冰川、峽灣、高山⋯⋯。組合對了，就是對了。風景如是，人生也如是。

下山時，雲霧如飛，迅速瀰漫山腰，又迅速蒸蔚向上。海螺溝冰川的氣候變化莫測，誰也說不準何時雲霧漫天、鋪天蓋峰？

眼前的真實景色要比明信片上的景色美麗多了。

溫婉的清蓮便說：燕玲不能來真是可惜，不知道她身體舒服些了沒有？

保暖保濕之道

海螺溝別以為是溝，海拔高得很，保暖保濕的工作很重要。好冷好凍。睡前順便問櫃檯。櫃檯人員說：「現在已經負三度了，夜裡要下雪。」

一直想像不出海螺溝有多凍，木頭地板都像冰宮冰場，我盤腿坐在開著電毯的床鋪上記旅遊手札和塗抹凡士林、潤唇膏等保養。

這一路我們都帶著一個保溫杯，適時的喝熱水，所以不覺得喉龍有什麼乾澀。至於保暖嘛！說實話，反覆看了幾遍的行前須知，仍以為要帶「羽絨衣」、「圍巾」、「手套」……可能只是應景充篇幅的話，每次旅行都白帶了很多厚衣裳。

唉！哪知……

清晨了，賴床，直到不得不下床。女兒說我們很幸運，出發前還想不起去年冬衣收放在哪個的箱子盒子呢？竟然馬馬虎虎胡亂抓幾件衣服就來了。既然亂抓的衣服，反正能穿的都穿在身上好了。

唉！跳著腳直呼冷之中，全部衣服穿上身時，皮箱幾乎空了。

「我們本來就沒有帶很多衣服來啊！這樣正好！」

所以，良心誠懇建議：在川西遊走，尤其深秋初冬時節，隨時會遇上氣溫驟降的情景，羽絨衣、保暖衣、保暖褲、厚襪或毛襪都必須齊備。

至於穿衣祕訣：剝洋蔥方式，由內而外，先貼身全棉內衣（排汗保暖兼具的更佳）↓長袖衣↓毛衣（背心或厚冬衣）↓羽絨衣。

下身：貼身全棉長褲↓較厚的襪褲↓防水運動褲。

其他：手套、頸巾、帽子等。

高山症來襲

一夜頭痛、嘔吐，雖然屬於輕微症狀還能忍耐。我警告女兒不能說出去，免得被人笑話我身體差，而且又破壞大家的遊興。

強作笑臉出房門。怎麼吃早餐的團友寥寥無幾？十人家族裏好幾個「繳械」了，又吃嘔吐藥、安眠藥和補藥。而燕玲吐到不能起床，並且心悸、胃痛，一夜折騰。

看來我的不舒適還是小意思，高山症沒有為難我。不過有人說了：年長的遊客比較不會出現。而平日過勞、精神緊張、缺水、感冒著涼或呼吸道感染者都會增加患上高山症的風險。

燕玲的睡眠一向不好，再加上工作操心。

來看貢嘎山，路遠是一難，不過尚能克服，因為可以搭機到康定，再轉磨西鎮；但是高山反應，可就難搞定了。從海拔約百公尺的成都，經瀘定、康定至海拔三千公尺的營地，大多數人都會有高山反應，就算搭飛機到康定，也要有一天到兩天的適應期。

高山反應其實是正常的自主神經反應，我曾問過醫生是否有預防的方法？

在海拔四千公尺以上的地方，氣壓相當低，因此人體血液及組織器官都呈現缺氧狀態（可由嘴唇、指甲床、指尖呈藍紫色得之），體內就必須以加快心跳、加深呼吸、擴張血管等交感神經亢奮反射來代償這種缺氧狀態，增加氧化酵素數目。因此而有心悸、頭脹、眼脹、頭痛、失眠、噁心等症狀。也因為氣壓低，體內水分蒸發快，嚴重時會感覺頭痛欲裂。

唯一能救急的措施就是馬上吸入氧氣，或快速下山到低海拔地方。要避免不要生氣，行動慢慢來，給身體一段足夠的適應時間。

所以我對高山症這樣看待：來到高原，一個高度讓人們自己體知生命是有充分餘裕的，只要你自己從容平和。

下海螺溝，離開磨西鎮，車子裡又談笑風生了，又吃又喝。地陪說：通過考驗，準備上拉薩了。

肆

逆溯大渡河

大渡河谷

川西一趟，我跟女兒說：我們很像巡水夫。她問為何？「每一條路都是傍著大河走，從下游走到上游。」我這樣回答，她想一想覺得好像有點道理。

出海螺溝，經磨西鎮，順拐右彎，便經過了燕子溝、紅石灘。

大冰川沖下來的冰磧石堆滿紅石灘的河床。一種菌絲本來是綠色的，成熟後一身通紅，紅色藻衣替石頭披上華珮，此後不管江河怒吼或是溽暑寒霜，紅珮絕不會脫離，於是轉成了一川的紅石。人家說：貢嘎山地質結構複雜，生態環境萬端。當我們下車觀察紅石灘的此刻，便真的相信了這種說法。

因為地形複雜，有些路段嚴格限制遊覽車通行，不得已我們又循著原路回到當地木雅語山間台地的磨西小鎮。

一畦畦蔬菜、玉米、青稞，圍繞著一幢幢的藏居民宅，可以推想出這台地不僅十分平坦廣闊而且富庶，從磨西鎮重回大渡河口，逆大渡河北上，按預定行程：進入瀘定，夜宿康定。再從康定到丹巴，丹巴與康定的縣界處則有大渡河口第一橋。

大渡河是岷江最大的支流，從久遠的年代就多種稱呼：銅河、沫水，自北向南縱貫川西，全長一〇六二公里，這樣的大河它也有很多支流，至少有大金川、小金川、梭磨河……，河谷段占了全河的百分之七十。

橫斷山脈

盤山路愈走愈高，眼下的峽谷愈顯深墜。山勢的紋路：傾斜、扭曲、翻轉……層層疊疊，赫然都是古遠年代的痕跡。

地理書冊上被冠以「橫斷山脈」名字的山脈，來到這兒才能真實感知那南北「縱走」，「開門見山」的鬼斧神工和人力不及。

以「人」為觀照主體的眼光看來，遠得多麼冥漠的億萬年前，藏北高原和橫斷山脈是最率先脫海成陸的。它其實是與青藏高原一脈相承的，是青藏高原諸多大山系急遽折向南北，改變了形象和走向的延伸。穿行在橫斷山脈的大江大河也因地勢增高，冰川形成，狂奔流逸。

「連障疊巘崿」，這一路上河谷真的都十分陡峭，但是藏居點點，梯田圈圈。許多之字盤旋的分支小路，像枝枒般攀向山頂，完全無視那示威遊行般的激昂的一波波叢山。

在瀘定，我們曾在突出於河谷，有許多山產、核桃、乾果可買的一處眺望台前停駐。沒有高大樹木阻礙視線，遠峰近嶺盡入眼簾，然而也無法看盡橫斷山脈最為壯觀的山川陣容。

我跟女兒說：「田裡種青稞的時候，抬頭及腳下就都是橫斷山脈的雄姿。」

女兒點點頭。

「住在山裡，生命的毅力可是令人敬佩！」

吊橋　滑索流籠

由於部分河床落差甚至達三千六百公尺，因而沿途可以看到華能集團所修造的許多水電站，規模相當大，也因為那些開山闢嶺的大工程，使得山岩灰灰禿禿，路面凹凸不平，塵土飛揚，車子顛簸，人在裡面顛得簡直像坐跳跳椅，而直嚷著大爛路。

得之領隊說：脊椎要錯位了。

秋菊也說：腰好酸啊！

唉，真不好意思，因為他們把第一排的兩個位子都給我了，尤其秋菊很堅持以我的健康為理由。

說來，這一段路程，危巖夾河，大渡河只有兀自洶湧漩流，景象比較單調，也有比較孤寂的感覺。我一向很會找樂子，伸長了脖子，專注的搜尋橫跨大河上的橋梁。

大渡河的橋梁可是很有名的，例如瀘定縣城的一座鐵索橋，不但具有歷史的意義：清康熙年間建，橋頭有康熙親筆手書「瀘定橋」，而且具有橋梁建築的意義：索橋全長一百多公尺，由十三條鐵索構成，在鐵鍊上鋪設木板，行人踩踏木板而過。

其實整個大渡河上不只這一座橋，還有許許多多的吊橋、木板橋，因著大渡河河谷的寬闊深幽，藏族人在橋上披掛著五彩的經幡，大一點的橋如雨後的霓虹長跨，而細瘦的吊橋，在高巖聳峙下飄搖若帶。

可是那些橋都不足以引起我們的驚呼，滑索、流籠，就在一條條鐵索上出現了。

很清楚的看見了一個年輕樣的男子，雙腳套入掛鉤，雙手拽住大鉤上，還有三分之一的凶險河水，他才到這邊的岸上呢！

至於流籠，一個大籠子，人蹲坐裏面，背上還有貨物，籠子左晃右搖。我又在另一處看到了，那人是站在流籠上的，拉著什麼我看不清。好久好久以前我看過一篇大概是遊記之類，說流籠叫「架空天車」，不管是滑索或是流籠，都要靠身體和手臂的力氣，非常危險。然而橫斷山系的高山急流，滑索或是流籠仍是偏遠山鄉與外界接觸的交通工具。

胡亂想到了這兒，本來就沒有抱怨的我，對於因修建新橋，而必須改道的不便和遙遠，反而有種欣慰了。尤其就在車塵揚起的路旁，忽然又發現一個老人趕路，他跋涉了多遠的山路，走過了怎樣的吊橋，才走在這往縣城去的大路上？啊！大爛路也沒有關係，看人家走得多認分！

其實在其後的幾天大渡河谷疾行，穿行過數條較二郎山隧道更長的，五公里多的有之，而超過四公里長的，如：孔玉隧道、2＃8＃號……國道隧道的則更多。山岩㯓稜，工程艱鉅。提醒了我們：即使坎坷道路也不是容易的，平安通過都要心存感激。

到了瀘定，迴到三一八號國道直行，一個多小時後，抵達甘孜州的首府康定。

路況稍好的這一段，我也因為疲累而入睡了。

宿康定　情歌唱不完

不知是因為康定城市高達海拔二六一五公尺，還是太陽落山後特別冷凍？我被凍醒了，雖然女兒早已替我蓋上一件外衣。

弄清車窗外的一幕山壁，地陪明飛告訴我——是折多山。

「橫穿康定市旁。」

「青山郭內斜，康定城的護衛官囉？」我說，地陪點點頭。

我們這才鬆了口氣，奔逐大渡河的疲累雙腳，要在這多情的、愛唱情歌的城裡繾綣一晚了。

霓虹燈閃爍，街燈晝白，很熱鬧。晚上住新城區中心的康定情歌大酒店：跑馬溜溜的山上，一朵溜溜的雲呦，……愛你愛斷腸……。有旅遊廣告說：康定的情歌今天還在唱，整個城裡的廣場和酒店大廳，都迴盪著、反覆著這樣歌詞。聽來，情歌真是唱不完了。

康定我第一次來，秋菊已經來過三次了。昔日西康省的省會，也是目前甘孜州的政經文化中心，這個酒店，不，可以推說整座城市被群山環繞，一推窗就可以看見前方黑蓊的山頭。至於情歌中的跑馬山，就在住宿房間的窗後，山門的牌樓，半山腰上的觀音寺，山頂的白色喇嘛塔……彷彿一推開後窗就可以瞻望或著撫觸。

啊！去，走走，看看。這康定是個怎樣的城？

燕玲、清蓮、女兒和我，都是第一次來，夜晚的冷減低不了我們逛街的興頭。城區面積不大，但是整個街面很寬，好像由街道正中央一條河水澎湃、湍急的折多河分為兩邊，而且隔不多遠，河上就有一條橋，橋上燈光璀璨，映和著道路兩旁的路燈及商店燈光，一種明亮安全的感覺，很適合旅人。

因為這裡是康巴藏文化中心，所以藏人多，街上藏式風格的小旅店很多，有些賣熱食物的小攤，藏字硬板立在攤前；大路上，可以看見藏族家人一同出來散步的情景；服裝店裡，模特兒身上展示著有男士鑲邊的藏袍……漢文化、藏文化的融處，使得小小的逛街有很多意外的趣味。

我們穿過康定情歌廣場，轉入商店小街，又轉到一條狹長的水果市場，女兒愛吃蘋果，本地青脆蘋果一斤兩元，讓她一口氣買了五個，買得真是痛快；燕玲買了炒栗子，高山氣壓好像不能讓栗子的香味盡出。我則一邊看梨子、葡萄、紅心果……一邊想著它們長在山坡山稜上的情景。

高山的夜晚很凍寒，雖然沒有颳什麼風，仍被一種沁冷重重包圍。我們拉緊衣領很開心的穿過街道，穿過奔馳的車輛，要想稍稍認識這高海拔的城市，稍稍見識康巴燦爛藏文化的一二。

跑馬山

康定古稱「打箭爐」，傳說諸葛亮向南方征戰時，曾遣郭達在這裡設爐造箭，因而匯聚屯兵而成大鎮。這一路灰黑的河谷岩壁裡，應該蘊藏豐富的鐵礦吧？卓文君的父親不就是靠冶鐵而致富的？

不過讓康定成為家喻戶曉的，還是那曲《跑馬溜溜的山上》。就拿這晚來說，入睡前仍聽得那曲子在夜空中迴盪，看得跑馬山上的燈光長明。

女兒說：「好奇怪，為什麼叫跑馬山？」

我大笑，喜歡哪！

在藏區，一年之中常常有賽馬活動，祭祀馬、頌揚馬、跑馬都是很普遍的。家家戶戶都把賽馬看得很神聖，認為它能決定家族的命運，賽馬活動獲勝，這一年，這一家便會得到護法神的保佑，整年都會風調雨順、人畜安康。

山上跑馬，揚鞭策馬，都如箭矢向前。跑馬中，旗手還要能從馬背上彎腰，拾起事先在地上放好的銀圓或哈達，或者從馬背上崩倒，在馬背上聳起，豪邁和風流令人讚嘆不絕。

「這樣看來，簡直比讀書還難。」女兒這樣下結論。哈！對我來說也比寫作難。

跑馬溜溜的山上，一朵溜溜的雲喲，端端溜溜的照在，康定溜溜的城喲……在歌聲中入睡了，不過我忘了，在廣場上時，應該看看月亮是否照耀，月亮彎彎？月亮彎彎，應該是姐兒的眉兒彎彎吧？

還有，哎喲，一覺到天亮，壓根忘了啥高山反應了。

「怎麼辦？」我說。看來得去拉薩了。

女兒笑彎了腰。

吃早飯時，見到燕玲一臉精神。

啊！一夜情歌中，昨晚大家都睡得好哩！

五彩經幡

出康定向北去，左邊折多山、大雪山橫斷山脈，右邊夾金山，山高的壓力不是發白一端，大渡河更加叛逆和掙扎。

我赫然發現許多的山壁轉角有藏經圖或是五彩經幡，稍具平坦空曠處則有白塔。康定跑馬山、折多山的山壁上都彩繪有大幅的佛祖盤坐像，內容頗類似唐卡的圖像。

我初始以為那是偶然一瞥的，少數的，或者說因為跑馬山有藏廟。及至過舍聯、河口等縣鎮，在河彎、橋梁、山路轉角，都可以看見較小的藏經圖或是五彩經幡，這讓我有驚悟的震動，大山中開車、行走，這是多大的提醒：山水皆有靈，處處修行進德使人更新。

尤其再細看：五彩經幡，是從瑪尼堆向外推廓而出的，也可以說大部分的瑪尼堆幾乎都俯瞰峭巖下窄道險徑。瑪尼堆，一堆不動的經文，藏人將經文中的一段或六字真言或佛像，刻在石頭上，放在路邊，日積月累而成石堆。信徒們每遇到瑪尼堆必丟過一顆石子，他們認為丟一顆石子就等於念誦了一遍經文。瑪尼堆彷彿天地的一隻巨眼，眼神越高遠，那種不可思議的感應力也越強烈。

我們停在一處瑪尼堆前，風疾、壁懸、梯田、藏宅……異樣的靜謐和坦蕩。我坐下曬太陽，只聽得支河匯流的聲響滔滔不絕，看見白沫水波潺潺湧起，阿！那一刻，我豁然明白大渡河為何別名「沫水」了。

雪梨　核桃

大渡河的河谷雖然切割巨烈，峭楞楞的岩壁冷峻峻的睥睨著，河水湍急滾滾。然而生命是有充分餘裕的，風景如是，大河谷也如是。這樣的大山深谷，藏寨人家還是耕耘不輟。

傍依河谷的折多山脈尚屬於比較低矮的駿山，山村人家在山路旁種滿了狹尖小葉帶刺的花椒樹，四川麻辣鍋裡的「麻」，就賴這花椒散放的辛味一味；姑咱小山城，熱鬧的市街，一大早的趕集，賣著各種山間農產和蔬菜；一處山口前，村落人家在路邊排成一溜賣著蘋果、香梨和核桃。太誘人了。於是大家趕著下車買水果。幾乎人人都買。

突然來了這一團人。那個山鄉婦人忙得手腳來不及，挑選、稱斤、算錢、找錢……整綹頭髮吹到了臉上也無暇拂攏，而且有些慌亂。不知怎的，最前面的一大袋子的核桃整個翻倒了，不少的，甚至滾到了遊覽車輪子下。

女兒和我決定幫那婦人撿拾落散的核桃，一捧一捧的裝回麻袋，司機師傅也下車來幫忙了。

女兒說：「我們有昨晚買的，幫她撿完吧，她可能會賠錢。」
撿好了。
我們也累了，打算上車了。
那婦人卻把女兒叫住，塞給了她兩顆蘋果和梨子。
「請你吃的。你幫我的忙。」
我跟女兒說：「就拿著吧。她很誠意的。」
太棒了，竟然不花錢就得到了口福。水梨好甜。
一車子水果香。司傅在滿是沙塵和石礫的長路上加速行駛，巔頗得更厲害了，可是哀叫聲少了。
因為水果香甜迷倒了一車人。
就要到好路段格宗縣了。

一直很想用一句話來形容走大渡河的整個感受。想了很久，從車過孔坭壩之後的一路平坦，到進入丹巴縣界了，我才想到「否極泰來」「不虛此行」八個字。
「高山仰止，大河前橫。」

大渡河的右岸與一條大支流交匯。交匯的河口處有一座藏族白塔，那條大支流就是有名的小金川。

小金川上游已進入大縣丹巴了。

在大渡河「第一道橋」之前，看見「大渡河起源」五個字，出大渡河，我們正式告別大渡河。而我們要往左去的前路，則就是進入大金川了。

據說，其實也不是據說。一本書上明白說：有法國衛星，在中國西南部分，拍到一張有五條江河呈現幅射狀的圖片；循圖找尋找到一個叫丹巴的地方，五條水系分別是：大金川、小金川、大渡河、東谷河、革什扎河，甚而每條河還有很多支流。

就僅僅在這一座「大渡河『第一道橋』」上，我的小眼睛就看到三條大河匯流，若是再站得高一些，眼睛大一些……

大金川也是我們即將期待的妖嬌美人，令人興奮哦，雖然還要再等待午餐過後。

伍

迷彩大金川

川西，是一個很難用三言兩語就說清楚的地方；川西大金川的美麗，更是難用三言兩語就描述清楚。

「我願逆流而上，尋找它的芳蹤，卻見彷彿依稀……它在水中渚立」。我用這首歌表達我行過大金川的心情和感想。

從丹巴向金川、馬爾康，大金川真真是遺世而獨立的佳人，以她一長帶狀的秋景，讓我們驚艷，讓我們讚嘆。

秋景相宴

一種環天匝地的盈然秋意，立時兜攏了過來。大金川河谷，深深淺淺的赭紅橘黃，襯於一逕蒼翠的綠松枝旁，再來幾樹蘋果染成褐紅的顏色，接承了暖烘陽光的色澤。

這是大金川河谷的秋色，可愛極了。

大金川河谷，秋天竟是這般容顏。

大金川在哪？青藏高原大雪山山脈中的一條大河流的上游。我還來不及在縱縱橫橫的地圖中認清、定位，給自己這一路已有些迷糊暈累的頭腦一份清明，就已經先給秋意撞了滿懷。

先是一驚，後來回神，這種十月出遠門，秋意，早該有所知的，便釋然一笑，急急趺趺地振臂要去攬握和收攏這闊氣的秋顏了。

灌叢，紅赭鬱綠隨意的披搭；白楊木，金黃了一身。

相對於大雪山山脈的龐然高巍，千彎百拐，河谷秋色，格外溫柔。相對於大渡河河谷的深偃窅邃，湍急浪濤，大金川平緩如鏡，顯得安詳，觸及了旅人更內在的追求。

深秋景色變幻大，深秋風速也颯颯作急。風過處，三五片艷赭的葉片便簌簌飛舞，有若彩蝶。幾度風起雨落，樹下便也是金葉成氈。想一想每瓣葉片都像人的生命，在這樣大的山中河中磨練長大，熱烈的綻放伸展，而後安詳歇息。

藉著唱山歌，下車。貪心的要鏡頭一張又一張的收羅。秋天的金黃、深黃、褐黃、土黃……大大超乎了我的認知和想像。其實一向忙碌工作在都市中的我，也從沒有好好認識秋天的面貌啊！

「喂，碧雲天，黃葉地耶！」得之領隊趕上來：「可惜沒有寒煙翠。」

「秋色連波，大金川河就是了寒煙翠。」從大車上俯瞰，每一段水彎，就如是一汪水幽幽被環抱於群山峻嶺之間的湖泊。由於江中河床面積大、河底深，絲毫不受颯颯風勢影響，顯得潺潺淙淙。可以說碧空如水，大金川江也如碧空。

緣溪行，這一日全要在溪谷邊上趕路。有團友問起。是呀，河流多麼迢遞，綿延百里！

沿著河谷，越走越入深山，坡上的林木色澤越來越成豪放狀態的噴濺，染得河水也野性起來，卡門在舞弄花裙襬。

能下車嗎？能下車嗎？能不下車嗎？團友們急躁起來。「要趕路，要在太陽落下前趕到預定的旅館」領隊總是這樣權威。

唉，甚麼事都忘了，應該說美景驚嘆最重要，其他都身外事了。人生沒有幾截毫無牽掛的韶華，人生也不可能和兩個璀璨的秋天豔遇。

「好漂亮，好漂亮，拍一下啦，拍一下啦！」我就不相信，雖然口口說是來工作的領隊，也怎能夠忍受得住美景的呼喚？

只是拍照，拍一山紅橙橘綠，你會立刻發覺幾乎一車人都還原回到激情的青春，不只是心情，連帶著心胸尺碼，也因著放眼周遭全是大：大山、大水、大木、大天……而全都開朗熱絡起來。

有人唱起情歌來，甚至來個相擁。

萬里飛花

午後白日還留得住秋日的驕陽，但風已轉涼，乾爽而清洌，在整群整群的白楊林間梭行後撲向行人來。陸放翁詩：「暑退涼生君勿喜，一年光景又崢嶸。」那本來就是我喜歡的詩文，在這樣的浮光掠影中更易感其中的寄懷。其實秋真的比哪一季都豪華興旺，秋光的鮮麗潑辣飽滿著自信，像壯年生命的叱吒揮灑。秋來時，萬木衣冠換季，大自然的調色盤把粉白、嫣紅、奼紫給春天了；把蔥翠、蒼綠、青碧給夏天了，現在就大量用起明黃、珞黃、燦金、赭赤、古銅、朱紅……各式各樣的暖色系，在涼卻下來的天涼裡，一股腦兒海派的全用了，讓你先藏有太超過的溫暖，好迎接即將來臨的白色。

車停巴旺小鄉，司機要加水。

這個小鄉人家頗多的，一戶挨著一戶。鄉人說：這一路葉最紅的、紅的最早的都是梨樹葉子。

「雪梨樹。」

「雪梨樹花，春天白色的；雪梨樹葉秋天紅的？」

梨葉略似心形，梨葉紅是真誠的歡喜，是早已凋去的春花精靈返來再美一季，再過一世？幾可亂真為花樹的葉子可真要比一樹樹的花朵更亮麗耀眼。

紅葉長廊啊！還有滿樹果實多得來不及摘取，就那樣懸在大金川兩岸，懸在我們的車窗外。從山腰到山谷，該有萬畝雪梨紅香了。真是秋至滿山多秀色，春來無處不花香。

女兒作夢的說：春天時若能再來遊玩，一座座花山，超幸福的。

願君花下醉，夢中飛蝴蝶。

作夢中，轉過一個個河彎了。我們在一彎半月形的平灘前休息片刻。

在光影交疊，音韻天成中，河景山色，雲霞夕照，組成了動人的圖畫。鳥鳴啁啾，川流潺潺，也在在扣人心弦。

溪谷真的好長好長，對行程繞遠路的迂迴，也愈來愈能忍耐，不好說是對心靈的歷練更淡然。人說花果有氣味，春天的氣味香郁，那麼秋天的氣味便多了特有的葉木香，淡淡清清，恰到好處。明白說：是清香盈懷，喜悅讓人寬厚。

雪域高原第一碑

一個個村落過去了，森林高原、懸空石碉、巨型溶洞、靜臥長橋、歸牧羊群，也一幕幕出現了。

大金川婀娜多姿、巧妝豐飾的輕舞在神山面前。我想秋天不是激情的，否則哪能年年璀璨？大金川用紅葉悄悄把相思傳遞。

師傅加速馬力了，來到馬爾邦境內，中國碉王——出現了，高昂山麓；嘎達山又巍然前來，藏語「嘎達」意為標記、永恆和神聖。

蜿蜒的小徑，非常自在的深向山巔，藏胞婦女踩著山野回家。

非常繁茂的草野、森林，大草原上放牧的草羣，跳過山壁馬路，而雲是藍天的大草原上放牧的羊羣，歸堆的聚攏來，把一些輝耀的蒼穹遮藏了起來，要近黃昏了，旅行中，美好的時光總如車速般流去。

然後，一座大橋前的一處聚落，聚落中有雪域高原第一碑：清乾隆御制平定金川勒銘噶喇依之碑。乾隆皇帝兩度派重兵攻打金川，屢戰不克，最後是祭拜索烏山神才終於獲勝。碑記座落高台，雖凜然卻也寂寞。

然後，清朝四大皇廟之一，從屋頂至台基，全壁金黃色的廣法寺在夕陽中向我們揮手一瞥，川河中的夜自河底、自山崗升起來，迅速散擴去。

今晚要住宿在金川了，還有三十里路。三十里路在這浩渺山區不算長也不算短。

回味

紀德說：「有笑的一刻，必然有懷念笑的一刻。」懷念時，雖然不免帶著一絲悵惘，然而它們已經豐富了我們的生活的內容，體會了天地間一份真理，那就是人與人之間的互愛，人與萬物之間的惜重。所以人過中年，就像入秋後的雲淡風輕，對萬事都多了些隨遇而安，不再固執，不再強求。

樹金可喜，樹紅可觀，陰晴風雨都有不同的姿容，樹的枝葉為不能明見的歲月腳步，繪出鬚眉畢現的容顏，更藉陰影襯托，讓陽光倍添明度和熱力。這麼豐盛的筵席，這樣從早到晚擺得這麼豐豐盛盛，怎能夠不來品嚐呢？如果老天還垂愛，一季季的癌指數追蹤還能過關，我要走得更遠，牢記更多。

在光影交疊，音韻天成中，我更恍然：我更應該快樂，讓這一趟成為永恆美好的回憶。

夜宿金川

這一晚，夜宿金川，瀾峰酒店。

金川市有川西小江南美稱，大渡河上游與大金川江的源頭，一百多公里的低平河谷，土地肥沃，氣候承垂直型變化，河谷溫溼宜農，半山草豐可放牧，高山林間可狩獵，地理環境造成了一種農耕、畜牧、狩獵三元融合的農業文化，同時盛產雪梨。

因著沒有康定的冷冽，至少進房間時沒有那種「冷宮」的寒慄。因著金川的住宿條件比較好，旅館內設有電梯，至少免去扛大行李箱之苦。雖然金川四周山頂終年積雪，卻屬於溫暖的河谷，最主要海拔並不高，對旅人來說可以避去高山症之苦，又可以好好暖熱的歇息。

乾隆打金川運輸民工數十萬人進入嘉絨藏區，戰役後又實行屯兵制和召墾制，漢人的大量遷入，以及滿蒙回人的湧入，加快了這一地區的經濟繁榮和民族融合，集鎮商貿，金川也成為川西的一個樞紐了。而至發展到今日，市區儼然是一個現代都市型態，房屋儘管仍是藏族家庭，卻已經現代化，只有門、窗圖飾仍保留著藏式的文化圖騰。

酒店的經理年輕漂亮又有禮貌，晚餐的菜餚，果真較一路山野家庭餐館可口精緻和豐富變化。席間服務員端來了一壺「酥油茶」，對酥油茶這名字真是久仰，藏族獨特風味的飲食。聽說將茶、酥油、鹽放在茶桶內拌合，要用適當的力道搗拌，同時在打酥油茶的時候又要加用了事先調製好的麻籽、蘇麻、芝麻或核桃仁或花生米細沫……一種或兩種，打上十幾分鐘後，打出的酥油茶才會芳香可口，長期飲用可以清心明目，補腦益神。

服務員一一詢問為點頭的團友倒上一小碗。我本來是搖頭的，因為我一向只喝透明清楚的水；但是轉念一想酥油茶當然該是乳白厚墩墩的香香的茶呀。於是和女兒共叫了半碗，她先喝一口，說：「很好喝，賸下都給你。」

我心想：怎麼會好喝？

後來又轉念：可能她覺得好喝吧？到英國留學後就愛上英國奶茶！大大的喝了一口，一心等待美味的感覺。

好鹹。有濃重的油膩味。……媽呀，剩下的怎麼辦呢？

唉！你猜吧！偷偷擺在桌上囉。

鍋莊

晚上，整個空間都迴盪著很熱鬧的音樂。那種熱鬧，很像我們台灣的一個電視廣告：村中電線桿上有著播音器，播著張君雅小妹妹，趕快回來，你的麵煮好了……那種氛圍。

幾乎整個市區，包括我們住的旅店都籠罩在歡樂的音樂裡，熱情動感的旋律你忍不住躍動。

最早衝出去逛街的一定是燕玲。晚餐時，她就迫不及待的問經理。有好康可以觀賞的，我們也抓緊時間快快前去。

「鍋莊？」「這圓圈舞蹈？」

聽廣場上圍觀的人聊天和邀約，嘉絨藏人都能歌善舞。鍋莊是一種集音樂和舞蹈為一體的表演藝術。圍成大圓圈隨時都歡迎眾人加入，簡單的步子，燦爛熱情的笑容，讓你很容易成為其中一員。

左腳、右腳，踏踏踏。我這樣跟著，竟也跟出了一身汗。

梭磨河谷

梭磨，藏語的意思是指梳子。說每一個晨昏，河水靜靜的流過，梳洗著河谷一彎長長的頭髮，在英武的大雪山斷層山腳下，有純樸的村落寨子，流水溪谷啊，也日夜流在靜謐的子民心頭。

這一段解釋可以讓人立刻明白梭磨河谷何以迷人了吧？我們兩度經過梭磨河谷，不知它屬於大金川的美麗尾羽，還是小金川美麗的支流又支流？只知

搖曳的蘆花白
搖曳的白楊金

一身金裝的梨樹綴滿髮髻多情妖嬌
江山如此多嬌的話語
唱著不歇的歌。

即使有些樹上空蕩蕩的，便只剩下形狀優美的枝枒，展伸在特別高爽的秋日晴空裡，如剪影一般，雖說很像自己的生命正在以看得見的速度老化。但是卻仍是最素雅的風景線……

不喜歡說枯枝多淒清，還是喜歡它崢嶸的老年漂亮。

過梭磨。迷彩的大金川，我們也要向妳說再見了。

陸

東方金字塔——石碉

梭坡古碉群简介

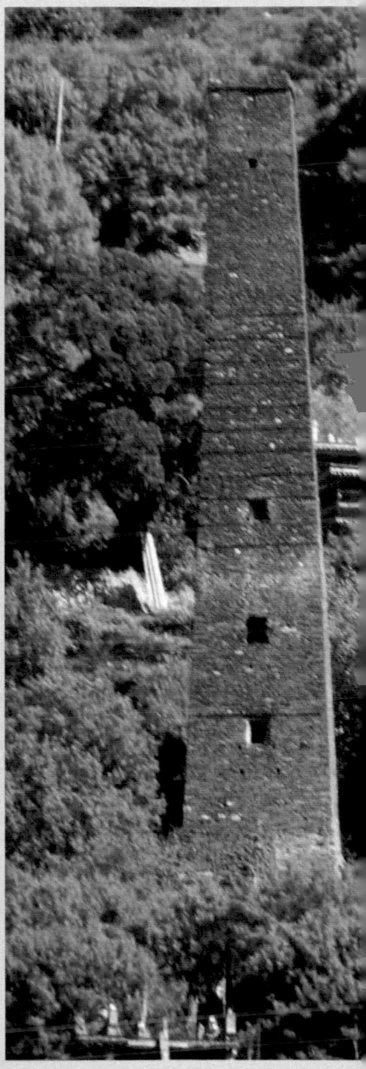

丹巴　梭坡石碉遠觀

當我們沿著大渡河急行，轉過一處河灣，接近甘孜藏族自治州丹巴時，一座座高聳的椎柱狀建築，就矗立在滿山遍嶺和河谷平野中了。

「石碉」驚呼聲響起。許多人或者網路上常說：「要看石碉到丹巴。丹巴為千碉之國。」

一處觀景台標示著「梭坡石碉」。

我教女兒快點記下內容。

旅途中遇到好地陪：有常識、能說明的真是福氣。每天只報告從哪裡到哪裡，只抱歉我不會說明等等，遊客就不禁要有些怨嘆了。

記得有一年上黃山，領隊經理和地陪就是生意夥伴，好死不死，他們在樹叢後談論這一趟的盈餘和回扣的底線時，被團友不經意的聽到了。果然，一路餐點縮水，景點縮時，能省則省，最後一天的午餐，也以飯店早餐充當。回來後，友人就在網路上直說，還有人說拒絕往來要去告觀光局了。

幸好這兒景觀台上有標示說明，能稍稍補充一二我們知的權益。俯瞰迢望，令人驚歎和揣摩不透的石碉群森然林立，甚而那幾乎與藍天齊平的山稜上，也有一兩座的石碉昂然，柱柱高聳如印烙畫幅。

哇！真是很壯觀，難怪有法國建築學家稱譽那些石碉為「東方金字塔」，高巍而神祕。

觀景台突出於大渡河河谷上的一小小塊台地，鏡頭平視，遠方視野幾無遮攔。河谷的周圍都是高地，有些地方陡峭險峻，綿延向前數公里，有的地方坡度比較平緩。在坡地和高地交匯的地方，是一大片藏寨和田地，甚至順著高地向上到達山的脊稜線上。

相較於一路上的寥落，這裡可以說是人煙稠密及熱鬧了。

行前準備從相關書籍上得知：石碉除四角、五角、八角，還有十二角成弧形的和十三角。

看去都是四方椎柱體，規模有大有小，絨絨叢樹，毯氈梯田，那石碉如雄赳的武士或主人，宣示著自己的家園。據史料記載：往昔丹巴村寨民居與他處不同，凡生子必須建一石碉，否則成人後娶不到妻子。土司土官所建很高大，一般平民的碉室高僅三、四層，與居室相連。愈古的聚落則愈是一碉一室，而且而這梭坡石碉，更是從山溝底直到山脊上行三、四公里，數量之多，也是一奇觀。

這時觀景台上有其他攝影團，借看他們高倍長鏡頭下的石碉景象，似乎都是四角的。寨碉、哨碉和家碉，從用途上看，有防禦碉、風火碉、風水碉、驅魔碉。

「要到樸角嶺才有一座十三角的。」攝影團的人說。「巴丹梭坡十三角碉，是整個藏區三座十三角碉中唯一保存下來的一座。」

喔，要挪出時間，還要包小車。可能我一窺十三角石碉的脩麗和神奇的機緣還未到吧！

滿足的看著那些數千公尺高，連綿起伏的崗嶺，我試著去感受：石碉在藏族同胞的生命中，有著多麼特殊的意義，那不僅是他們賴以生存的環境；也是他們在心理精神上藉以歸依的表徵。

若說整個數千公里的連綿山脈是一闋壯闊的樂章，那麼這靜默的藏寨、園圍和石碉，就賦予了樂章以完整性和莊嚴感了。

回憶在路途中，我曾忍不住的連連問：能看到石碉嗎？能看到石碉嗎？地陪說：「隔著大渡河岸可以看。還遠著！」

真是遠著。這樣一趟，只能遠觀，真留有遺憾。

松崗石碉　近觀

可以想見我們的興奮。這樣近距離的仰頭看這八角碉樓，還可以鑽進碉樓內。

彌補了梭坡石碉只能遠觀的不足。

這八角石碉外觀曲線成角度斜併，筆直而活潑。據說一碉建成後，要從碉頂沿壁射下一箭，這隻箭必須直插碉的基座。藏人很聰明ㄟ，這方法幾乎與漢人用「墨斗」測量是一樣的原理而且更易施行。

底徑約六公尺，向上逐漸收縮，大概高達二十餘公尺，有一個或兩個長一點的窗。我們攀著其它石塊跳上基台，基台大概高到我的肩膀，攀上基台後，清楚看到連結石牆所圍成的小院可以關牲口。上了石碉，在石碉一邊有一道窄長的門，因為這座石碉厚重結實的木門已經拿下了。可是我才進入這第一層，滿石壁上的鳥糞異味撲衝，讓我就趕快奪門而出，儘管入門有獨木梯或活動的木板通往上層，卻也無法細細感覺及推測它：二三層堆雜物，第四層住人……頂層上是曬場的堂奧。

由於可以近觀，清楚看出石碉的建材：邛崍山間俯拾即是的片石、卵石和黃泥調砌而成，也集合了各部人丁，互接遞傳運來，更融入了幾何、力學、建築為一體，這種奇觀，真啟示了一個事實：人類的潛能，沒有深入，永遠不能領會。

金川碉王　王者之姿

不管我們多麼驚嘆：藏族先民是運用多少智慧建成石碉的，石碉是部族的精神象徵。也不能抹去石碉也記錄著一場場戰爭的血淚。

至少在金川、小金兩地，石碉在當地的征戰防禦中便曾經大顯過它讓清乾隆頭痛發怒的威力。我們行馳大小金川江的時候，不時能在河灣山脊處看到雄踞的石室石碉。因為乾隆兩次對金川、小金發動曾長達十四年的圍剿土司戰事。

因為當地的石碉建築得實在很有生活智慧，據說石碉底部還有地道，可以通到村寨和取水處，有的石碉還和另一個石碉相通，根本不怕清軍。惹得乾隆大怒斬帥調兵，又將大小金的藏兵俘虜和工匠遷至北京，編入建銳雲梯營，以教練士兵的攻碉戰術。並兩縣的石碉多建於乾隆時代，攻守雙方競相建碉，還有一座石碉之王高達七十公尺，就在神山前。

泅進歷史長河，路過巴底藏民居住的一個村寨，千年來他們都仍沿襲著春秋朝山的習俗。朝山向神山朝拜。

有一首此地的民歌：古堡下、碉寨中，先輩留下古老的文化，大小金川是我的家鄉。

其他　沃日石碉

沃日土司官寨則與巨碉連為一體，傍河憑險而立，面積數十公尺能容納全寨的男女老幼。從四姑娘山回成都的路上，過理縣桃坪羌寨，也赫然看見兩座四角碉，就在路旁和河壩口，與石砌村寨渾然一體。全寨以仄狹的巷道相互連結，石室碉樓是最堅固和可以屏障的堡壘。歷史上有多少鬼哭神號風聲鶴唳的戰亂啊！

驚心動魄！

古碉堡開始建於哪個年代？考古及人類學的學者都還無確切的考證，但是古碉的堅固、奇偉，早已名聞遐邇。我實在不會用文字或語言傳達給你。

柒

藏寨千秋

丹巴甲居藏寨

丹巴被冠上「如詩如畫的中國農村」這頂佳冕。中國地理雜誌評選為最美的六大鄉村之首。

來到丹巴，縣界上就有著往甲居藏寨的指示標誌。原本我們的計畫是要前往中路藏寨的，然而地陪說因為路途太遠於是又更改。其實不管那個藏寨，都可以推想是在雲深山深的某一河灣台地或坡地上。

只是我不喜歡旅行社隨意更改景點，行前的預讀資料似乎要重新在腦中構築。

墨爾多神山伴佑

我們從縣城大渡河第一橋處往支線盤山而上。甲居藏寨深入高山多遠的谷地？盤山單行道起算，也要四十分鐘。

路，沿著山壁開鑿，一邊是陡岩，一邊是懸崖。一段路俯衝下到山坳，一段路又再懸空上到山頂，最要命的還有迴車讓道，神牛擋道，我坐在窗邊，幾次搗住嘴，吞下即將迸出的尖叫。

我一向懼高，幸而我常常能轉移害怕，或用拍照，或抓著好朋友，或者看高處……路邊岩裂礫塊閃著點點銀光，一方面這中午的陽光強烈，一方面這兒富藏雲母礦，連沙泥內都含有銀粉。藏區四大神山：墨爾多神山，南北走向，主峰高聳入雲，海拔四千八百多米，晴天中看去，山色蔚藍，然而蒼穹也幾近寶藍。不要以為天地渾沌哦，山頂雪峰白純莊嚴，照亮了天地分野，難怪藏族人深信那是神山，保護著他們。

藏寨素描

終於入村寨了。

一入村寨，什麼擋道啊？牛！很乾淨，很帥的牛。自遊漫步，還有閒閒蹲臥路中央的。

然後漸漸的，我們看見臥居大門口、逕自反芻的牛隻，院子裡乾淨的堆著柴火、玉米桿，豬隻不是豢養在眷舍裡，也是在街巷路中成群來去。

從一處開放為民宿經營的人家內，房間沒有裝飾，僅有床舖、小桌、白淨牆壁，壁上一幅藏族圖騰。反而是外門廳和廊柱上有著雕飾和彩繪，色彩豔麗，連著潔白外牆，很是活潑。藏人很注重乾淨，習慣每年春節時候，把白屋牆粉飾一遍。所以緣牆的白、紅、褐等線條都甚是分明。

上了二樓，每個房間都面對主人家的中庭，也能遠眺藏寨村落的園地與屋頂經幡。我們參觀的路徑從最高峰頂一路下階，野花野草生機盎然，處處入鏡。邁過石階，撫觸一戶戶的石頭外牆。石頭外牆都不高，牆寬很厚實，我們頑皮的幾乎可以站在牆垣上內望，石牆內一樹樹的蘋果和梨子，有時也種有牡丹花，受藏傳佛教思想的影響，藏人深信人與大自然是一體的，不可以砍伐林木，屋宇四周老樹、植被十分豐富。

也許隔著距離，也許看多了都市大廈，我覺得遍山遍嶺的小民居都很別致美麗。每一家差不多的建築格局，依山勢而分別約高三、四層，高聳而寬敞。

底層在平面以下，飼養牲畜。

地面第一層：大廳，地上有地火爐，主神龕、灶；集作飯、吃飯、烤火、家人起居……多功能於一體。側邊有主人居室和糧食儲藏室。

二樓：子女居室，也有儲藏室、會客室。

三樓：一半為經堂，供奉神佛；一半為曬台，這個深秋裡，曬台上鋪滿了玉米，也有小部分的紅辣椒。顏色鮮明得充滿喜氣和富貴。有一老人家，盤坐曬台上抽菸桿，身影是蒼穹下的一尊自在。也許我們的驚呼聲打擾了他，他悠悠站起便進屋內去了。

這裡的民居，三樓外側有一處以木條釘製的吊腳樓。解說美女告訴我們：為家中廁所或雜物間的時候，讓我們大感意外，很雅致的呢！。

頂層：稱竹樓，五彩經幡，隨風飄搖。還有四個角角，這四角據說分別象徵龍、獅、虎和金翅鳥，保佑著一個家庭。

雪梨滿樹果滿地

真的整整一地的落果，紛紛開且落，淡綠的蘋果非常香甜的香味。

腳印從來沒有踏過這樣滿是果香的地方，最初引起驚訝的是那猛然間出自石牆的蘋果樹，叢叢茂伸的枝條上，竟然垂吊著那麼多的那麼大的果實，全是紅紫的，飽實豐盈的姿態，真真讓人垂涎，一睹自然生命的美麗，生活在都市柏油巷道中的我，怎麼樣也描繪不出蘋果樹的樣子來，至於纍纍蘋果懸垂枝頭的情景，更是想像不出來的。

得之領隊大喊燕玲快來，燕玲快來，一塊大空地上有三四棵蘋果樹，竟有低垂到只要顛起腳就能摘到。

地陪明飛派上用場，一下子就果落手中。燕玲啃得香甜。

正要嚷嚷太不公平時，一片郁綠大葉覆罩下的顆顆梨子便在前面倏然出現，粗壯高碩的枝幹上，果實大得超過雙手拳握，天啊，這是怎樣的母親，撫育那麼多的子女，卻各個勻稱、甜美。我念頭閃過：心中美慈，昫暖香融。

驚訝那麼多果子的時候，口裡也不甘示弱：摘一個給我，可以摘蘋果應該也可以摘梨子。

梨樹實在長得太高了，明飛跳起來也沒摘著。

「不行，一定得摘一個。」

「拉樹枝，拉樹枝。果子就會低垂下來。」

又拉樹枝，又找棍子，還有一旁的助叫。

唉！一行人全露出勇猛的原始面目了。難怪有個西方學者揶揄人類：平日是嚴格的定在家庭社會組織之中，只有在犯罪的那一剎那，人才是自由的。以前我一直想不透那個社會學專家講的玄奧道理，在這遙遠的山鄉啃著這樣皮脆肉甜汁多的甲居梨（我們自己訂的名字）豁然了解其中的妙啊，痛快嗄！

不過我認為還有更妙的：每個人都分享了，分擔了這份靈魂裡潛藏的人性之惡。我和女兒啃一個，清蓮和秋菊共一個，燕玲自己獨享那個皇后的紅蘋果。她一面吃，一面大讚，寨居裡充斥著我們的好吃聲。

咦？咦？那十人家族呢？

他們被漂亮丹巴美人快步引誘下山寨了，在這山寨裡千萬不能跟他們齊步，我們哪有他們走得快？再說好酒沉甕底，一定要待到最後才有好康。

蘋果、山寨梨真的好吃，比金川的蘋果雪梨好吃，比神仙包的雪梨更好吃，連果皮都甜細。

「真是偷來的。」

「你們真是厚臉皮，偷梨子還這麼大聲喳呼的！」

我想起小學時候，台北萬華區南機場的青年公園還迓根是個大魚塭，想吃小魚，就跟著房東兒子挖一根蚯蚓，再去買兩毛錢魚線；要吃芭樂，從漳州街穿繞過大魚塭，鑽過好幾個籬笆洞，到新店溪邊的芭樂林裡就有很多芭樂，順手摘來就吃，苦苦澀澀的，瞇著眼也能咬上幾口。

一幢幢小屋鱗次櫛比，固然是美；一棵棵老梨樹、老蘋果樹、老橘子樹自兩三層樓高的蒼穹四方披垂下來，夕陽下果金草碧，這山寨多麼溫馨富足。

白牆、雪山、梨子、蘋果、玉米、紅椒……是世外相映，桃源成趣。

英國詩人梭羅說過一句很耐人體會的話語：「一個小鎮即可以充分地觀察人生。」

遠遠村寨下一條大河橫過，沒有洶湧澎湃的波濤，但對村民來說已經綽綽有餘。古老的東西總受到敬重，誰否定先人的智慧？

沙爾村神仙包

非神山的崢嶸，如何能完成山石前的守望？原來，我已在你的心窩裡享受著神靈的光芒。

清晨空氣清新得透明，金川市的早市，熱鬧人語在透明空氣中格外玲瓏。沿著大金川江上溯至馬爾康，沿河有許多梨樹，成列隊般，海拔二千一百公尺正是最適合金花雪梨栽種。於是我們造訪近三公里的沙爾村神仙包。

早早去上學的孩童，頻頻回頭望著我們，或許好奇怎麼這麼早就有訪客呢？或許笑著認定又是梨子帶來的好吃客。我注意的看那些孩子的舉止和神情，紅潤的臉蛋，健康而舒悅。和他們揮揮手，他們反而害羞的跑步起來。那一面跑一面靦腆回頭的臉，使人聯想到綠遍大野的青旺芽苗。

山嶺上鍍鑲了一道金邊，迎來最早的神的訊息，難怪在藏族生活信仰中，有身分的藏人，住的愈高，甚至住在最高頂，也最無限接近神仙的世界。就順著那樣山頂光亮往下看，田畝中吐著青葉，全是高麗菜、芥菜……前一晚才降霜，菜蔬一定格外香甜。領隊就說她好想吃大白菜啊。其實梨葉等樹也都要在降霜之後一星期才會變得特紅。這是我這一趟川西行才聽得知的常識。

沿著尚未完全竣工的排水大圳，我們進得距離最外邊的其中一個村落來。沒有明顯的路面，我們就順著林間往地勢低下處進入村內。

一垛垛石頭牆圈圍著一戶人家，從外觀看去似乎是有水泥瓦房漢人家，也有兩層有屋角曬著玉米、辣椒的藏人家。村寨一隅，有一座白色的土砌祭壇，散發出燃燒松枝的香味，藏人喜歡那種香味，根據佛教的信仰，杜松是生命的象徵，代表豐饒的女神。

有趣的是有些人家有牆垛，卻沒有安栓門扉，落葉鋪疊，腳步一踏上便有一陣脆剝的聲音。「門雖設而常開」莫非就是這情景？大部分的人家，院子裡都有果樹高懸，有一兩家還種了柿子，黃紅的柿子這時節雖然還沒有成熟，卻已經很飽滿的垂在葉間。

為了取景，女兒和秋菊不約而同的跳上牆垛。旅行菜鳥的女兒竟然還從牆垛上摔下，跌個四腳朝天，多虧那個裝滿衣物的背包墊底，否則定要腰痛骨折。

「院子裡有甚麼？」我問女兒。

「柴火、農具、玉米和籮筐，你看這畫面很棒的。」

「麻煩你，要取景也要小心，你想讓你老媽沒辦法繼續玩嗎？」天下老媽都一個樣，見沒事了以後一定會露出夜叉面貌。

在村中自由閒晃。清晨八點多，天色還怪冷的，而且時間也還算太早。奇怪，村人都上哪去了？只有小狗守在門口。簡直如入無人之境。靜謐得彷彿時間已停止忙碌的奔跑。

終於，一個穿著大衣的老婦人自林後的院落裡出來，從衣著上可以推估這是個富裕的村子。轉過石牆從水泥路出村口的途中，又遇上三四位老婦人，以及結著伴送孫子上學去的阿嬤，藏人深以家族傳承為榮，孩子象徵血源不斷，讚美他們的孫子，這是個好話題，於是我們聊開了來，知道村中壯年人多半進城工作去了，要不也上果園去了，果園收入挺不錯的。村中多半老幼當家，這和某些時代的台灣農村頗有些相同境遇。

神仙包橫過村寨，一簇簇紅艷，像虔誠的祈禱；村落外大堤上，白楊樹金黃得彷彿是天降神恩，只有天降神恩才有那種透脆無瑕。

約九點鐘了，太陽昇到山頭，大金川江已是金波粼粼。

在藏人心目中，金是最崇高尊貴的顏色。

又回到沿著大金川的馬路上了。馬路上有著三三兩兩背著竹簍去上工的藏人，步子從從容容，也許因為早晨的寒凍，雙手套在袖筒裡。

大金川江，婀婀娜娜，河中沙灘曲線優美，這上游的江水特別白，連細細嫋嫋流出的支流也是雪白的，因為更接近雪山了，雪山溶水汨汨瀅白，草葉更褐紅，滿地的魅惑充熾，出人意表的熟悉卻又如此震撼。

直波藏寨

安詳的村落就是一幅美好的畫面。

一直到要繳付團費時，還拿不定主意要不要走這趟川西行。主因：路程太迢長，明確的景點不多，雖說路上的邂逅更浪漫更喜出望外，畢竟還是不確定的多。

這一天我們要從金川到馬爾康，再從馬爾康到小金、沃日、日隆，抵達四姑娘山。傍著大金川江後進入梭磨河谷，再與小金川江和邛崍山脈重逢。

就在山與河的催眠中，經過松崗縣城時，路旁這直波藏寨喚醒了我們精神來了。

要不是屋頂簷間的五彩經幡、藏式的窗飾門戶和外壁上的日月圖幟，我們幾乎以為這是一幢幢的山野別墅。

平坦的入村台階，村口就是一座八角石碉，使得這村寨頗具氣勢，尤其仰頭看去時。

若山是垣垛，石碉是宣示，這，村寨是一座堅固的自然城，人們在這裡世代居住，先祖的生活先祖的家業和明訓。

門前或屋後鑿地為圃，種得些金燦燦的黃菊，稍稍遠地種得瓜果菜蔬兩三畦。

這一家尤其石頭城般，白黃紅的色彩在藍天下格外鮮朗，我們紛紛前去取景。怎樣的一家人住在這裡？這樣三層宅第足夠生活的了。

玉米處處是，但是這戶人家，你看這是多美的門面！成流蘇般的垂懸屋簷下，再成串長柱般自檐下垂落地面，使得坐在屋前曬太陽的老漢，也有一種不拘的隨興和優渥了。

柴火、磚石收拾得整齊。藏人是很愛乾淨的民族。美在齊整上有一種乾淨俐落的氣勢，令我們忍不住駐足。

也遇上一戶人家和我們打招呼，媽媽正在料理中餐，小女孩和弟弟在門前玩著玩具小騎車，媽媽非常慈祥，兩個孩子也真純靦腆。

至於巷子裡也有正在照顧孫子玩耍的啊嬤。花白而亮麗的陽光，慷慷慨慨的潑灑著，潑灑得整個寨內好一片陽光大地。我們要順著河流出村口了。

村口的公交車站，可以順暢的通達山下或河口外的大城市，沒有車聲的喧囂也沒有人跡的雜沓。比起甲居藏寨，它的建築較現代，較新式。但是仍帶著奇與幽，淡泊與勤樸，山景與林影自自然然的映現到窗前，可能因為不在觀光的景點名單上吧？

就在要出村口時候，遇到一位好客的村人告訴我們並引領我們前去村頭新建的一處藏廟，有村人正在轉經輪。

因為有規矩：不可以隨便進入，我們也設身處地尊重。於是安靜的站在廟前空地。赭紅廟壁一派穆重，我們的觀看也是理解，體會那無聲的經輪轉動裡，經受洗滌的生命。

看他們順時針方向繞。應該是信奉「本教」。嘉絨地區是本教的大本營，本教曾一度風迷全藏區，佔有統治地位。後來不幸遭受壓迫，大量本教教徒便遷入嘉絨藏區了。十數百年，本教在嘉絨地區也已有很多教徒並建立了根深柢固的信仰。

終於要告辭了。下山出村寨，一道溪流，清清的山風自層巒深處吹來，自綠蒼的山坡上吹來，柴火石牆，雞犬相聞，世外桃源？真有不知身在何處的忘我和陶醉，安詳得一如低沉的山韻。

出村口了，舉目向前望去，再遠的山頭也有兩座相對呼應的石碉，看到這裡時，視野雖然已經模糊一片了，但是我知道，模糊的後面還有更高峻的世界，另外的一片藏寨，另外的一群山岳，當然也有如這裡的無遮攔、乾淨的大片晴空。

再回頭看一眼，回溯我們剛抵達它的遠郊，看到八角石碉的時候，便已經隱隱約約聞嗅到這村寨的歷史味道，眺視到它的文化風貌。美麗和風俗，更感覺值得細賞。

沃日土司官寨

沃日鄉。

邛崍山脈高聳入雲，不必抬頭就能看見山脈和雲彩在玩躲迷藏。

一進村寨，立刻被眼前的華麗所懾。牡丹花開在偌大的廣場上，廣場足夠全寨人家共跳「鍋莊」；或圍圈喝酒、烤玉米、唱歌！

何等人家這樣闊氣？

土司官寨。地方官所居。

再看看那官寨，華貴的令人乍見以為是一座有規模的廟宇，雕梁飛簷，簷角銅鈴，五彩經幡凌越。

無法進入屋寨裡面，但是屋外牆上、窗戶也都有足可觀賞的壁畫，喜愛金色，以金色為底的圖畫，最能代表土司的貴氣，都使用在這兒的生活事物中。至於圖畫內容，多為自然與信仰的圖騰，可以說美麗的自然風光和虔誠的宗教信仰，激勵了他們創作的靈感。那些也是藏族優秀工匠的創作，讓我們不只看到藝術，也聽到故事。

捌

四姑娘山

大廳烤火

好冷好冷，一入夜就是冰點以下。跳著腳從山莊內的餐廳回到二樓房間。冷宮，冷宮。得之猛喊，被她一喊就覺得更冷了。

經過大廳兩個員工蹲在角落。嗨，他們在做啥啊？

烤火！

真的，生了個炭火盆子。

在大廳欸？大廳不是旅館的門面嗎？

「冰點以下，夜裡沒有人來往！夜裡，搞不好，我們這山下也會下雪。」才和兩個員工大姐聊了一兩句，老天，腳掌好像沒知覺了。

女兒拉我快回房泡熱水，喝熱奶茶。

大雪冰霰幾時有？這冷凍天只宜喝杯酒。酒釀蛋呀！

難怪老劉要邀朋友圍爐。晚來天欲雪，能飲一杯無？

「在家就好了。」「拜託，我們是既花豪華團費，又請事假休假的耶！」

唉！旅行的最大附加價值就是發現「家」的好，「家」的溫暖！

唉！這冷宮中不吵嘴激發點熱氣，怎麼行呢？

大陸的國營旅館真令人感冒。

小龍女青春永駐的冰室，不知道是否如此滋味。

雙橋長景

「用感官欣賞很容易忘記，用生命體驗就永遠忘不了了。」旅行出發的前一天，才不知從甚麼節目裡聽到這麼一句話。好話。雖然不能完全體會先記在腦子一角。

往成都的飛機上我跟女兒說：「希望能遇上一場撲面而來，一頭一身的那種大雪。一定很浪漫。」

女兒說：「應該會吧！不過，雪，若是太大了，也不是很好玩的。」她這一說，喔！我忘了，英國一年，對於大雪她應當頗有領教。

四姑娘山——雙橋區裡的公交車奔馳到最後景點的大廣場前停下。我叫這種走法：順勢而為。女兒看我一眼：媽媽，你穿好衣服，下車啦！

鵝毛大雪，漫天飛舞，撲向車窗車門。腳步才停佇，廣場樣貌朦朧一片，大雪又一陣夾著粒粒冰冷。停車處的牌示上像鋪了柔軟的棉花或羽絨，商店小舖子窗櫺上也有不少冰裂的花紋。遊客不少，但世界卻是靜悄悄的，雪花有魔力嗎？

天在潑灑甚麼啊？銀子、種子，五穀女神正把她的銀種子灑在人間的福地裡。

雪地裡甚麼都好玩，我們踩著覆滿厚雪的木棧步道，一腳陷到了鞋面，雪冰粒倏地從鞋帶細縫滲入，化成冰凍的濕水，害得我立刻跳腳起來。

跳腳不能太高，被前人踩過的地方特別濕滑，我開玩笑的跟女兒說：難怪先哲要講：勇敢創造新路。

「老媽你可摔不得的，還講笑話。」女兒緊跟著要扶我，沒想到得之領隊在我們身後：你們母女來，相擁拍一張吧！

哈！好啊。就這雪地很多事都值得回憶，明朝那三個很會寫小品遊記的袁氏兄弟以面受花勝多著飲酒，我們母女也以面受雪，但是一會兒就刺刺痛痛的趕快拉上帽沿。廣場左邊木屋，屋頂被皚皚白雪覆照著，雪凍成的冰條掛在屋簷下和屋前柵欄上，而有木柱的地方，經眾人的手掌撫觸過的，形態更加奇妙。整棟木屋區像聖誕卡片上的童話屋。

再順著小木屋眺望，遠處雪峰一片，峰下棵棵松林、杉林，白撲撲的，雪大了，枝枒承不住，便有一團白墜下來。

我和女兒覺得奇怪：怎麼很多人都往那邊去？

鐵定是什麼好玩的。

興沖沖的慢步過廣場，上了木棧，一近身。

哇！原來是廁所。大自然厲害，隨便舞弄人們就被騙了。

不應該說人們，應該說「我們」或「我」。

玩得太痛快了，同團的人都坐園區車往前個景點去了。

昨晚領隊早宣告過的，若這一班車客滿，搭次一班車到前面會合。

白塔　白雪

老遠就看到領隊和地陪朝我們喊：「你們來了啊！」這一站景點範圍很大，以藏廟白塔為核心。白塔和白雪渾然天成更顯莊嚴和無極。遊客很多。

「那邊雪地裡，金色馬尾松很漂亮。」景點吸引了我們，再加上女兒的宗教信仰，我們很快的轉移至馬尾松下小河邊。

馬尾松垂條著縷縷閃著金焰的黃，不似它的其他兄弟那般傲霜鬥雪，碧血綠身。由於金得漂亮，來他身邊拍照的人不少，可見天生我才必有用，任何天賦都係由上帝的恩賜。

我們等著空檔，於是穿越雪地，雪雖然深厚，但是還可以看到小河的足跡，小河穿過叢生的灌木，在冰雪的覆蓋下，仍然潺潺淙淙、不息地流動著，

那情景真是神妙。

度姆峰　獵人峰

繞了一圈回來，塔前很多虔誠的臉孔很感動我，我跟女兒說：我上金剛山瞻拜一下。

大雪茫茫中往高處逆風雪而行，又冷又痛，不過我自己頗覺得悲壯。這也是我喜歡旅行的原因，可以體會人生很多不同的層面。

地陪又先走了。再坐下一班吧！可是觀光公交車老是不來，在金剛山白塔前等了二十分鐘後，我決定走到下一個景點：度姆峰。

「〇・六公里。」女兒報告著排示上的數字。

「一公里都不到，大概從我們家走到台北火車站吧！」我這樣推測。

在台北時候我們外出經常步行，難不倒的。

步行看山真是享受。寧靜諧和。千山萬巒每一座山卻都有它獨特的容顏。

一覽眾山小的感覺，也有一種山中眼界寬的感覺。想來想去，便有一個結論：生平難得，不虛此行。

然後度姆峰到了。這兒完全沒有飄雪了。

犛魚壩．盆景灘

再往犛魚壩、犀牛望月去。枯木、雪峰、奇岩……，妙的是平坦的空地上，那深紫的小花和霜落的殘株，竟對照著合成一曲樂章。這三千多公尺的高海拔地區，小花仍兀自的開放著，野草也低平的匍匐開展著。

然後盆景灘也在不遠了。

好美的倒影。

沙棘佇立水中，靜謐得我們不忍踏出腳步，湖水純粹明淨，近乎神聖。連同水邊的一個攝影者彷彿也是景中的一部分。

盆景灘，波平如鏡，真如一張紙片，卻有參不透的深度。我饒有興味的讀著沙棘枝幹，雖然樹葉全部都凋落了，但那畢竟還是真樹，很有生命力。

母女迷途

盆景灘前，我們聽到車聲。

車子停下，我們也立刻俐落的上車。

然而才轉過一個彎，車子又停了。司機師傅說：「『漂流』到了。半小時後出口上車。」

要不要看漂流？好啊，半小時，我們要準時了。

母女倆有著默契，下車。一下車，看見正有一輛發動的車，也看見地陪最後上車的身影，很清楚。

女兒說：地陪又沒有等我們。

沒關係，我們索性盡情觀景吧。

一個大半圓弧的漂流溪河，河上零零散散的殘雪，還有一道道小橋橫跨。彷彿閒走江南，泛舟湖上，藍天靜靜飄浮。

我們選了一處木棧道旁坐下，一面看著山巒看著年輕夫妻拍照，一面注意著時間。剛剛整車下來的遊客中，我們自信是走在最前頭的。

出口有片樹林，樹葉很茂密，還有些藤蔓纏繞。我推斷海拔不高了。

我們站在車牌前等車，也看著當地的婦女來轉經輪。

幾點了？我忍不住問女兒。

「十一點三十五分了。」

「我確定司機說半小時。我們真的是第一個來等車的。」

真的是等了很久。

為了等車，我們很安分的沒有走開。

「我記得每四十分鐘有一輛觀光車會下來。」

「嗯，對！起站時好像師傅說過，好像是。」

「那就是最慢將近十二點鐘時一定有車囉。」

分析到這兒時候，我們愈發開心，因為我們相信很快有車子來啦。

從出口往回看，不遠的湖水邊，木棧道上一個女生正專心的在拍照。

「有伴有伴！」我悄悄跟女兒說：又還有一個遊客。拍了個階段，我上前請問她在這兒拍了多久？知不知道什麼時候有車？

那女孩用手指指喉嚨，搖搖手。意思是她不能說話。

我看她的談吐氣質應該是從外國來的，於是便說：Thank。

「沒車來啊，那個女生可能也是在等車下山吧？」

「會不會那些人是帶著乾糧要拍一天照的？」

「嗨，我們也有乾糧。我背包裡有兩個茶葉蛋、巧克力、酸梅、一個梨子。嗄，還摸到一個早餐偷渡的饅頭和花生米包。」

「可是，媽媽你不會累嗎？」

「空氣太好了，我不太覺得累。」

「我是不累的。」

「這樣吧，我們開始吃午餐。我們的地陪還有領隊的，若不來找我們，我們吃吃東西休息休息再下山。下午不是自由活動嗎？」

「對歐，在旅館睡覺不如在這山裡，風景太棒了。」女兒仍高興著。

「嗨，我們也又要走到再下一個景點了吧？」

「媽媽，你千萬不要累著了。」

於是我跟女兒故意走在山中車道的黃線中央，自己可以很清楚看到上山或下山的觀光車，而上山或下山的唯一公交車也會看到我們。按照這裡公布的搭車規則，只要有公交車隨處可以上車的。

一面賞景，一面豎著耳朵聆聽。好安靜，安靜得只聽到我們母女的腳步聲。只有風偶爾穿過，葉子偶爾飄落。

沙棘林十里白楊林

沙棘林灘到了。沙棘林的倒影跟盆景灘的倒影一樣美，但是況味卻頗有不同。沙棘林灘有孤獨的哲人之感。

又轉過一個S道了，我們聽得來自小溪的水聲。

「應該已經下山了。」女兒說：「下山添暖了。」

十里白楊林，美麗啊！

由於沒有任何車馬人聲，寧靜到能聽到自己脈博的跳盪。我趕快找話。

「十二點半多，要接近一點鐘了！」女兒指著相機上顯示的時間跟我說。

「真的耶，唉！會耽誤團裡的用餐，真不好意思。」

這時，我們突然聽到好像不遠的前方有許多的說話聲音。

原來一群扛著掃把的人。至少他們是山裡的人，要比我們了解這山裡的事，我們快快請問他們。

「都吃飯休息去了。」

甚麼！這意味著到一點半，我們大概都不會遇上有車來。

我恍然明白了：吃飯皇帝大。原先該等我們的那班車，藉著有乘客下山，所以趕著回站口了。一點半鐘時，山下一定會有車來。至於這一段空檔，自求多福囉！

我跟女兒說：「我們若是累了，再下去一點的路旁我記得有公安警局。那裡，請他們幫我們找車，我們花些錢就好。」

「看這天氣不會下雪，不會變天，我們應該很安全。」

我自己是走過千山萬水的人，但是不能讓女兒懼怕。人雖貴為萬物之靈，但是生命的脆弱也是萬物之中最最的。這一趟雖說是陪女兒度假，其實是我該感謝女兒，願意跟我這脾氣不好又常脫序的老媽一起旅行。一個人一生到白頭，遇到多少的人？有緣的、同舟共濟的、擦肩而過的，但是然而孤寂中，有兒女相伴相濡的才是幸福！

將近一點半的時候，真的有一輛景區車自山下開來，開過我們身邊。沒多久便折返下山了，招手，上車，迅速一瞥，很多很多是我們之前那一班車上的遊客。

多折騰的一趟，但也是多難得的一趟。這多年來的歷練，我慢慢了解：完美和波折不過是一種心境罷了。有時完美要靠天時、地利、人和的因緣際會共襄而來。

寂靜和沉穩是自然界的本性，人，身處其中，自然就剔除了城市中的浮躁。在聖潔的神山中，領悟了一種境界和一種美麗，那誠然就是完美。我想多年後我和女兒都仍會記得在這四姑娘大山中的種種吧？

四姑娘山的傳說

傳說很久以前，山神斯格拉有四位美麗勝過天仙的女兒，人們統稱「四姑娘」。

鄰近的黑魔山神久已垂涎四姑娘的美貌和溫柔，便趁修得魔法的機會強娶她們做為妻妾。四姑娘的父親在保護女兒與黑魔搏鬥中不幸被殺，四姑娘含著悲憤連夜逃出，在來到小金縣日隆關時，正值大雪紛飛、天寒地凍，天地一片茫然。已經精疲力盡的四姑娘，在黑魔即將追來的時刻，不禁放聲大哭，悲泣的哭聲驚動了關口內外的百姓，他們連夜打起火把自四處趕來，火光和吶喊驅走了黑魔，救起了四姑娘。

四姑娘為了感謝老百姓的救護，便決定長住在日隆關，甚至還化身為四座雪峰，長年守護這一方水土。四座雪峰最高峰的為四姑娘，依序為三姑娘、二姑娘、大姑娘。

於是川北阿壩藏族羌族自治州小金縣與汶川縣交界處，橫斷山脈東部邊緣邛崍山系的最高峰，就是四座連綿的雪峰——四姑娘山了。

玖

長坪溝　半日自遊

說好下午三點赴貓鼻樑看四姑娘的全景。可是到達崗哨管制站前，公安不准遊覽車進入景區，而是一定要租用當地的麵包車八人座的。步行進去吧，兩三百公尺的路而已！可是公安又打官腔，我們步行了一小段路後，麵包車來了，又舊又髒，五人座而已，還非得擠上八人。

幸好路不遠，躬身忍耐一下子。

一到貓鼻樑，四姑娘的容顏倏地一露，眉眼微睜，可是才按了一下快門，雲彩飄帶就遮掩去了，四姑娘又回到深閨。

沮喪著這下午的空，拍照也照不出特色，跟女兒說回旅館睡覺或寫旅行雜記吧；秋菊說他回去整理記事。這時，燕玲來了，邀我們一塊兒去看風景。

藏居民宿

燕玲纖細，卻是老江湖。闖蕩商場的歷練，讓她十分果斷獨行。原來她包了一輛車，讓師傅載了她逛日隆鎮。師傅很誠實的告訴她：市集上日用飲食為主的通俗商品，沒有好逛好看的，看風景倒是很可以看的。於是她要師傅載了她來找我們。

師傅載了我們，徵詢我們能否先到他經營的民宿看看？他的民宿在長坪溝口的一處平坡上。

師傅黑黝高大，看來很質樸、幹練。他自我介紹是九寨溝白馬藏族人，民宿也叫「白馬藏舍」。

師傅的家日隆村長坪藏寨，好漂亮，全新的藏式屋寨，汶川地震之後重建的。赭紅色為基調，大量運用了令人驚豔的黃與金的描繪，大廳裡刻意挑高的設計，放置有藏族圖騰、氂牛頭骨、藏族座榻……，雖然是充滿藏族風格但莊嚴明淨，不落俗套，頗能夠感受得出主人創業初期戰戰兢兢、步步為營的用心和努力。

我們發現價目表明白的貼示在大廳上：早餐十元（人民幣）、中餐三十元八菜、晚餐十元，十分公道。藏族風情擺飾的大客廳，都讓我們見識到觀光事業在藏族生活中的影響和財富。

我們正打算看看二樓房舍時，忽然一個七歲小女孩從樓上下來，來稱呼他為「爺爺」，而且他的女兒也有一個四歲的兒子，也特別下樓來找他，他寵愛的摟摟他拍拍他。記得在車上自我介紹時，師傅曾提到他今年三十三歲。當時我們並未在意，可是來到民宿裡，我們大大驚呼了。

「孫子、外孫都有。」他說。

三十三，做爺爺？哇！我的身邊很多三十三歲的孩子婚都沒結，更別說兒子孫子了。

師傅的名字叫「布爾」，白馬藏區的藏人。

據我自己看書的了解，有祈求下次生男孩的意思，可惜我怕不懂藏族風俗有所冒犯，沒能找機會請問，證實是否正確，真是可惜。

小男孩眉清目秀，一身乾乾淨淨，看得出布爾對孫子的照顧。布爾喊著孫子的名字，說是上師取的。因為在藏區無論是男孩或是女孩或是家宅名，他們的名字都帶有濃厚的宗教色彩，而且通常都有所屬教派創始人名字的一部分。

布爾自豪的帶領我們參觀，他的民宿裡還養了很自由的一隻八哥，不用鳥籠，就讓牠任意飛到屋外跳到我們腳邊，牠會啄啄我們鞋邊的汙泥。我說這汙泥裡可能有種子。

每家民宿都有自己的故事，每了解過一間民宿就像是翻閱了一則生命的故事；一旦進入了故事裡，自己也成了故事裡的一員，在分享主人夢想與喜悅的同時，也成為自己生命裡喜悅的一頁。

長坪溝

其實四姑娘山有三條溝，早上走的是雙橋溝。

此刻布爾師傅載著我們出村寨到長坪溝。應該說布爾的民宅就在長坪溝內，出宅門就是長坪溝範圍了，然而要到長坪溝腹內則還有一段距離。

村口有一崗哨，有公安站崗，除了安全檢查，也是要我們買門票。

布爾銃著他喊：朋友出村口，明再進溝買票。

「一張門票七十元，如果每回買票，我們還有甚麼優勢？」

長坪溝，大致上與雙橋溝是平行方向，但是更接近層巒的山脈，茂密的原始沙棘林帶，反而比雙橋溝更富有攀山的感覺。布爾介紹著沙棘果的酸味和營養價值，本來他還要摘幾顆綠果子給我們，但一出口可能覺得不妥，又叮嚀我們紅果實不可實用，味澀而會絞腹。

對於這些新景新物，我們自然不會放過，頻頻的將視線投射到車窗之外，岸邊垂釣一般，把車窗外的風貌一一的給垂釣上來。雖然比不上雙橋溝的精心整理，可是這裡的叢林景致，卻是雙橋溝區所感覺不到的。

一路上三三兩兩的馬匹自山上下來。對，想起來了，很多旅遊書上都建議騎馬入長坪溝。

也真是要騎馬呀！顛顛晃晃，瘦長的石頭路有些像這長溝裡的脊椎骨，帶著幾分傲氣，擎托著這個山溝裡的村落與風景的身軀。

斯古拉寺院

這一座藏族寺院，位於為一處平坦山坡的深盡處。四姑娘山脈的一座雪峰在寺院的高處，增添這看來規模並不大的寺院的肅穆和寧靜。

我們從門口台階進入，穿過經幡交織的庭院，進入寺院，兩層樓房非常乾淨，好像才剛漆䕷過。簡單的門窗房舍，純靜的淨心修持。

生怕破壞這裡的安靜，沒有人說話。凌越寺院而張掛的縷縷經幡，風起時颼颼響起，和著一間道房中傳來誦經的梵聲，彷彿佛陀降臨故鄉的原野，講誦起一篇又一篇古老的經典。我雖不是信眾，也感動那樣的氛圍。

有詩文：

「紅袈裟飄舉，自空而降
梵文滔滔幾人能懂
心領頓悟　拈花微笑　不用言語」

密宗奧妙難以參悟　以從容的笑容不言而言吧！

至於斯古拉寺院牆後面，一座數公里的雪山山峰峽谷，與寺廟台地上的樹林相襯，在暮光照耀下呈現明澈的碧色。叢林片片，流水泠泠。幾株很高的白樺樹金葉飄浮。

布爾建議我們六月時候再前來看雪山的春天。舞過雪融後的原野，牽牛花吹奏著曲子，朝霞滿天。

唉，人生哪是想著怎樣就能怎樣的稱心？其實豐收穀滿的時節，含苞待放的時節，都令人喜悅，令人嚮往，因為只要擁有充實的今天，必然有絢麗的或可以回憶的明天。

生活中要用大山的胸懷面對，要用攀登大山的柔軟態度，更要知足滿足的心情，說實話來這樣的一趟，於願足已！

長青藏寨

從布爾家村頭上的路口，順著這裡群山的氣勢向前奔馳，一直到山坡上。對於長坪溝的各處村寨，不能用「識途老馬」來稱讚布爾，應該說這是他的家鄉，他「瞭若指掌」、「如數家珍」，他橫過掩在樹林後頭的一條顛顛頗頗的石子路，來到一處河彎上的村寨。

「長青藏寨」。一根柱子上標示著。

布爾解說這個藏寨的建築跟其它藏寨不同，模式和風格更悠久。

沒有任何觀光客甚或村外人來到這裡，暮色中有牽著馬匹歸家來的村人，炊煙從村中升起，清洗後以晾乾的衣物在院子角落裡飄蕩。而馬匹則在家門口優閒吃草，每一家最少有兩匹馬，布爾說：一匹馬一天至少可以有兩三百元的收入。

從較寬的路口再往村內，村內的屋宇是一家接一家緊密偎擁的，小土路夾擠得扁扁長長，很像一個癯瘦的素顏老婦人。可是當我們在村中近距離的了解之後，又會感到它的壯碩和活力，土路走來很堅硬，灰沙很少，有人家正在拓建廳堂，他們停下來看我們，我們也停下看他們抹泥灰鋪石塊。喔！藏寨真的是一塊塊石頭踏踏實實建造的。

長坪溝溪流過，在藏人文化裡，水是大地聖靈的象徵，要住在有水的地方才會得到庇佑。

西藏新娘

回新四姑娘山莊的路上，一家藏族屋前垂有著紅白哈達。師傅布爾指著說那戶藏族人家正在辦喜事。新娘是香港人。

我們好奇了，這短短六天裡我們經過多少崗哨，公安粗魯盤查、傳看證件；這藏區經常管制，漢人怎能常久居留？再說藏人也不能隨便出遠門到印度、到香港……

我們問布爾他的看法。只說夫妻相會又如何？他說「苦」。一個字道盡了所有。

藏人很重視家族、家庭，女主人更是操勞費心，幾乎一日都不能離開。

布爾又說西藏人認為愛人是路，人生只有一條路；朋友是樹，一條路上多棵樹，可是愛情就像一隻任性的小鳥，不知它從何處飛來，又會帶來何處的愛人。這一路來我天天聽小妹夫唱：不管路多遠，一路到拉薩……愛你愛到老，愛你到斷腸。要讓愛情延續，要付出的奔波不少。

燕玲說有本《西藏新娘》值得一看。

不管如何，不管知不知道未來，都深深的祝福那一對新人。

附記

旅行結束後，第二天，我就上圖書館借得《西藏新娘 Namma : A Tibetan Love Story》一書。

書中的新娘也是作者：凱特・卡寇，一名任職雜誌設計師的時尚英國女子，在印度北部與流亡當地的西藏男子孜德相識、相戀而結婚。

「我知道孜德有多愛西藏！我也愛，我並不想要把他帶離他的家園，而是想要成為其中一份子。」基於這樣的深知、真愛，卡寇決心幫助，並且要一同回到丈夫遠離九年的世界屋脊的家園，過帳篷生活。

卡寇幫丈夫取得英國護照後，與丈夫回到位於黃河發源地的藏區家園。生活形式上也許擠氂牛奶、收集糞乾、破冰用河水漱洗……但是內裡，她感受到那樣的生活以另一種方式的持續教育開啟著她；黃河的發源地，在陽光下彷如孔雀般的清澈亮麗；人是多麼渺小，人是大自然的一部分；愛這個大地一定不難的，一定可以的，一定成為這個大地的一分子。

但是最後：他們仍是不捨的、無從選擇的離開了黃河藏區，因為他們知道無法完全脫離西方文明。不過他們找到一個較合理的、適性的調整：每半年回轉來，帶著孩子，驕傲的認識他的故鄉和祖先。

對於剛從嘉絨藏區回來的我來說，一面閱讀一面感動：不畏青康藏高原的惡劣環境，無視前途渺茫的不安全感，因為愛，無怨無悔；因為情，甘願歡喜。也許卡寇有一世是文成公主吧？那樣至情至專！

拾

迢長小金川

梦笔山
MT. MENGBI
海拔 4114 m

回頭路

前兩天才從馬爾康方向走過來要到小金的。而這一天不過是從小金方向回馬爾康去的。走得是回頭路，而且是早晨六點半摸黑出發趕路的。

用心的旅行團不是常常標榜「不走回頭路」嗎？

「因為這條路比較確保安全好走。」領隊說。

才轉出新四姑娘山莊，向郊區山裡去。

白雪皚皚。

遼闊無邊。

我清晰記得彎彎曲曲的盤山路啊，秋光中、風中、暮靄中，繞了無數彎道爬上的河谷。

這一刻，我幾乎有一種錯覺，以為高山與澗谷被嘩的一聲潑灑下來的雪熨平成茫茫一片了。

師傅下車來加裝鐵鍊，一條條粗長的鐵鍊，從每一個車輪軸上的每一孔洞穿出。長長的逶迤的車陣也一一停下，慎重的裝上裝備。

我第一次仔細看過汽車輪胎或輪軸。

藍天高原上放牧的羊群那般，厚墩墩，毯綿綿。也好像用白幔遮住忘了洗臉的坡地和旮旯。峽谷中的風，也似乎要我們分享它急速的變化，山光裡，杪杪樹枝掛滿了棉絮。以至青稞田、石砌屋、大坡地，蒼蒼莽莽、澎澎湃湃。

一個低頭巡看田地的男子，哇，一個可愛的逗點在大塊文章裡；柴堆上沾滿了糖霜般的超級大蛋捲；已收割的田地，成了一杯杯的奶昔餅乾；雪團竟會移動奔跑，超可愛的，成群的羊兒向高處來耶！喂喂，慢慢踱步的氂牛群，黑珍珠般的醒在一片銀亮中，他們給了大地一個個大大的「讚」字。

老天給我們一段特別的回頭路。又是一個免費景點。

團裡一個人笑說：這趟旅行算算只有三個門票景點。路旁免費景點，旅行社超樂的。

不計較了，不計較了。路長，要擔得心更多。

下車、下車。痛快玩才夠本。

廣袤的高原阡陌，一定要在上面翻滾一翻啊！十人家族的二哥、姐夫、小妹…全在雪地上玩樂，我們怎能輸人？快快下車踢雪、丟雪球、堆雪人、拍照。在厚雪中走路，抬高這一腳，再重重按下另一腳。

「媽媽！你在走台步嗎？」

「對，對！」一面回答一面瘋得岔了氣，還拉了穩重的秋菊、燕玲、清蓮，就在雪地裡踢腿、擺珀司，拍「散客五人組」劇照。

該怎樣形容這一段回頭路？

大陸一位美學大師曾說過一段他的途中遇雨，大意說：旅途中遇雨，雨陰路滑，固然影響心情；但是雨後陽光初晴，那才是天賜的良辰美景。

雨過天青，天賜美景；那麼，雪霽天晴呢？剔透天宇，銀釉大地，上天用「I love you, I do.」為引子，要為「回頭路」重新定義了，讓我們從無奈疑惑到歡喜熱情。

所以不必在意同樣的路途，眼睛和心靈仍會給你不同的驚喜；也不必在意冬雪的驟降，原來它們不僅僅是一場大自然盡情的演出，而且是一樁可愛的生命，狂烈飛揚。雪花翩飛，是要教人想要揚帆歸去；雪山歷練，更是要教人冷靜超塵。

當然，我也要讚美車箱後面那個向陽的可以開闔的小車窗了，他就像一個小小的銀幕，放映著雪地的故事，一些我想聆聽的雪花的語言，而這川西冬日的序曲，也由那小窗中一句句傳了進來。

夢筆山

夢筆山四千一百公尺，是馬爾康與小金的分界山。

從此處開始是小金川江的起緣。川西這一帶，應該說川藏這一帶，山山都是分水嶺，大江大河穿山而過，群山隔江相望，一江傍兩山，一山攔兩江，實在是世界罕見的地貌奇觀。幾乎所有的大小車輛都會在這裡停留一下，好像封建時代文武百官到此下馬碑，紛紛下車。

一陣冷冽的空氣撲鼻而來，不由得拉緊了領口。

小金川江自這樣高度山頭俯瞰去，直如一道小溪般。當然俯瞰時候不免有些心驚。會不會這樣直墜下去？

一路盤旋的幽谷，冷冷的空氣。

我在這山頭只拍了一張路標，因為我發現拍照照不出這裡的高度，山的峰頂要整個山勢烘托，如同石碉要有雲山藏寨烘托一般。

於是我乾脆坐下來望雲，我喜歡望雲，因為我自己也太像一朵雲了，說到雲，我又要讚美這向陽的山頭，一望無際的大銀幕垂張去遠，同時又能將整個山谷山道的景象盡收眼底。比如說這一刻，我就看著有一輛小紅車ㄔㄩ在山徑上，哪一點紅，自很遠的路頭朝我這方向來，路，彎蜿蜒，它忽隱忽顯；然而一片刻後，方向又逆著我去；來來回回，莫非它載著美麗的女孩來這兜山風？山風可真清涼，陽光也映著我的手臂透著淡紅。

我可以想像此刻的我一定紅撲撲的健康和美麗。

我想起女兒學寫童詩時的老師，他有一首詩：山禪定不語，風來試探，雲來試探，都冷靜的冥想。此刻我才嚼出其中的淺語深意。陽光暖暖，我躺下來看特高的天和山。

女兒還在拍照，他第一次這樣盡興玩相機，半團人都是瘋拍高手，有樣學樣就是學習，根本不必教她取景、角度、姿勢、快門……。我也想起一個寓言故事：一個德高望重的智者，住在一個絕頂的遙遠小村裡，卻經常有來訪者。他們的問題總問著他如何變得那麼有智慧？在何處求學？師承何人？

年高的智者回答：「我這一生中有很多老師。」這時他微笑謙卑，凝視著蒼翠山巒，「四周的樹林與山巒不斷教導我，那些岩石教我如何穩如泰山的坐著；一棵櫟樹教導我，一個生命可以造就多大的廣度。那棵櫟樹和它的兄弟溫暖了寒冷的嚴冬，並使夏日的暑氣變得宜人；我看到動物以櫟樹為家，並獲得食物與安適。從此之後我懂得去為別的生命而活而思。」

這樣的山林也給我多少的啟示？

走回頭路的這天，我從前座坐到整車箱的後排座，因為我想要跟秋菊、燕玲和清連說話。秋菊一直惦著不知夢筆山頂還會不會停車？不知道白雪茫茫中夢筆山和天際如何分得出？

「分不出，至少公路上的標誌牌不會被大雪遮蓋住吧？」

「那可難說。」

然而這一段的回頭路，不是甚麼景點都能分辨得出的。至少夢筆山就是。清晰記得前兩天才從馬爾康方向走過來到小金的情景。

「我記得下夢筆山之前有一段多次迂迴的S形盤山路。」

然而大雪像澆灌的姿勢不留情的蓋地而來，整個山下、山頭汪洋一片，山谷、路徑甚至山野都成渾然狀了，一片白茫茫，一片氤氤氳氳。

我不得不認同：千山鳥飛絕，萬徑人蹤滅。原來是這種況味。

雪中的夢筆山十分神秘和遺世獨立！

針線長情

一株一株綠色或黃赭直竄出來，雪白漸漸淡杳。

這時，原來已經下了夢筆山，師傅識途老馬，減速慢行中平安的過了山頭，直到他停車拆下雪鏈，我們才恍然。

車子停在一處山坳台地，以車子為界標，前面有小小叢林，適合大夥唱山歌，一個個走進林裡，一個個再輕鬆跑出來。後面則有三兩戶藏族人家。

一位藏族婦女在前院一張大石板桌上為丈夫及孩子剪裁袍子。

我站在大板子角邊看她。

我對做衣服很感興趣。

「雪來了。」她簡短說。我知道她指的是雪季開始了。

「手工縫？」

「手工。」她靦腆的笑容點點頭透著歡喜。

我看著石板桌上的一件稍小的襖子，看來快要完工的：有鑲花邊、有舖裡襯，很漂亮的。我學過幾年的拼布，一針針縫，要細密不開裂，得花上很多的工夫。她含著笑裁剪，那件衣服包含了多少慈祥和幸福。

默默看著她用大剪開襟，那件衣服看來是給年少男子的，是她的兒子的吧？我一面看著，一面臆測著，直到師傅要發車了。

我很想跟那位婦人說，她的手藝真好。卻只跟她揮揮手，唉！我很懊惱那時的遲疑，行樂要及時，讚美何嘗不要及時？

最長的一日終於結束

只有一條路，上山下山，青綠氣勢依傍，汩汩淙淙，過邛崍，過米亞羅……

千溝萬壑是萬物天然休息養生的地方，這橫斷山脈中的一座座山嶺及川流溪谷也是人們往來自然的通道，至少邛人、蜀人由此開闢了南方之路。

回想這八天來，至少走過四條大河，高峻壯闊的山脈與莽狂原始的野地之外，就是滔滔滾滾的大江。天地最仁慈也最任性，追尋美景，仁慈與任性都要一同收割；一切都會在心靈會心的那一瞬間變成一泓鮮亮的記憶。大自然的奧秘天地裡，山與水恆是共美共麗的，這小金川江，別看它的名字有個「小」字，從夢筆山的高遠處流瀉下來，一路收納，一路飛奔，一路洶湧澎湃。流過岩縫段，流過陡坡段，也流過村寨坍方段，但是始終澄澈，雪山的冰雪的滲落匯聚，讓這浪花簇擁的川河像是大地上的銀河。當然也永遠在我心中嘩嘩流動……

傍晚，過古爾溝、過蒲溪、薛城，時間已經六點多了。再過姚坪、汶川，趕路到桃關。

這一路從早上六點鐘出發，到此刻已經有十一個鐘頭了。為了希望在夜裡八點鐘趕到成都市，得之領隊始終板著臉：不可以下車、不可以多停、再一段路才可以唱山歌、米亞羅不去了……

七點多鐘時我們趕到了桃關福堂隧道。正高興可以稍早趕到成都，但是，車，突然停住了。

福堂隧道前堵車了。

在隧道前等了兩小時，司機師傅說早知寧可去米亞羅看楓葉。又說千萬不要塞在隧道裡。

一語成讖，一進隧道又開始塞堵，超車插隊的小汽車囂張的蛇行，見縫就鑽，公安始終沒有來，一輛卡車上載了的幾匹馬，不安的竄動掙扎，看得我好心疼。

十點鐘，當我拖著行李住進艾克美酒店時，只想倒頭就睡啊！

拾壹

一遊未盡

藏傳佛教「六字真言」淺釋

穿出二郎山隧道後，應該說正式的步入藏族地區了。遙望的河谷隱隱約約可見到迎風飄動的彩旗，再繼續沿大渡河河谷，處處見到拋撒在山頂或風口啞口的飛飛揚揚的方形小塊彩紙，藏族圖騰崇拜中的經幡或叫嘛呢旗、風馬旗、神幡。而藏語叫做隆達，隆就是風，達就是馬，所以有人將「隆達」譯為「風馬旗」。

我們一路都能看到五色潔淨的布，隨風飄揚，尤其懸掛在橋前橋上、山口河口地方的，隨風颯颯更是氣勢及醒目，又漸漸在村口村前、人行道的上空甚而藏人村寨的房頂，以及到路兩旁的山石之上，或壘砌的石頭瑪尼堆上等處，都能見到或舒或密的五色潔淨布。若膚淺以為那是裝飾可就大不敬了。

原來這種風馬旗。是一種由五彩紗布或白棉布製成，規格大小不一，有的寬一尺左右，我們看過有整座長橋數公尺或數十公尺的，說到顏色：藍白紅綠黃，分別象徵著藍天白雲太陽綠水和黃土地，尤其山神是一地的保護神，山神無時無刻地注視著部落的子民的生命和財產，人們為了表示感謝山神，就虔誠地獻上隆達，為他提供充裕的座騎。

以前我就聽說這些五色布上，不論大小，上面都印有藏傳佛教的「六字真言」。我半信半疑，如今真的眼見。

至於為何處處有風馬旗？風馬旗象徵著氣數、運氣，只要被風吹動一次，就等於將上面的經文全部向上天誦讀一遍，也將人們的意願期望轉達給上蒼和神靈。

這六字真言，即六字陀羅尼，梵語：「唵嘛呢叭咪吽」，藏語：「嗡嘛呢白麥奉」佛經上讚揚六字功德：「六字陀羅尼有智慧解脫救濟快樂的本源者。」藏人深信念誦六字真言，就能得到佛、菩薩的護佑。所以在藏區老幼皆知皆念，特別是中老年信眾，行走、坐站、甚而等車時候也安詳的念著，虔誠信念：行住坐臥念不離口。因為這種信念，經由喇嘛活佛的傳授，家中父母長輩的言傳身教，早已養成自然誦念的習慣和傳統了。

至於寺院經堂周圍設置轉經筒，等車處也有轉經筒，供轉經信眾以手來推動轉經筒朝禮和轉動法輪。我們在四姑娘山那樣的大雪中，也看到轉經筒，同時也看到藏族姑娘上工前先來轉經，也因為這樣，我們一路也不至於隨便不敬的觸摸了。

石刻圖像

一轉出康定市區，山岩上赫然就有一幅接一幅的絢麗多彩的藏傳佛教圖像。很醒目。我以為這是因為康定山城，路狹城彎，給大家走路行車提個醒。繼續車行，順著折多河，光禿崢嶸的岩壁或山摺處，仍然可見。才豁然想到有人曾說「藏區是世界石刻藝術的自然博物館」，藏族的石刻文化是那些一代一代默默無聞的刻石工匠們，以四海為家、或朝聖於沿途創作，路旁山頂、荒郊野外，不揀選石材，不計較工資，只以非凡的毅力不畏風雪寒冷一刀一錘的在石頭上或岩壁上刻下自己的全部情感和整個民族的信仰。

所以，我跟女兒說：不要拘執這是什麼宗教的，僅以藝術的嘆為觀止，就值得我們敬重禮讚了。

丹巴美女

我們的地陪姑娘就是丹巴美女，據說以前也參加過選美比賽。

女兒很單純的立刻問：第幾名呢？

「第二名。」我接答並看她一眼。不過我們這地陪——丹巴姑娘還算美麗，只是資深了些。

一上車還沒有做景點介紹，就先唱首歌。在入村口的一處平台前，等著入村的空當，她就擺手搖裙的跳起舞來，並邀請平台前的男性遊客跳舞，偏偏那男生很害羞，一面閃一面退，乾脆逃跳遠去；於是美女地陪索性強拉明飛對舞，明飛臉一紅，又拉讓十人家族中的三姐夫。三姐夫過招一兩步也跑遠了。

她兀自陶醉在妙舞中，舞姿真的好看。這下真的相信：丹巴是一個不唱歌、不跳舞便無法生存的民族；是一塊時時刻刻充滿著歡樂的，自在自然的土地。

犁地唱犁地歌，築牆唱築牆夯歌，飲酒唱飲酒歌；獻哈達唱哈達歌……。哇，好棒呀！藏族的好歌喉，天賦給他們的才華，漢人怎樣也奪不走的。其實我自己一直很愛唱歌，即使現在唱不出來了，還是常常默唱給自己聽，心情舒暢時唱歡喜的歌，悲傷的時候唱孤獨的情歌，唱歌中真的昇華了自己。

大方、紅頰更顯美麗，頭頂繡花方帕，上身穿著油綠鑲金蔥的短衣，下著百褶五色裙，胸前垂著銀白色嘎烏掛鏈，珊瑚、綠石松玉……光是想像這一身的招展，女人的嬌媚已經十分了，再加上固定頭帕的那一圈髮箍，上面有藍寶、黃玉，貴氣的富麗，讓少女有了雍容，婦人有了地位，老婦人有了安心。

藏族母系社會，或說藏族地區女人，付出了辛勞和堅持而有的驕傲和尊嚴。

為何丹巴嘉絨藏族多美女？有史料記載：西夏元昊的貴族後裔，西元一二二七年被蒙古大軍所逐，王族後裔逃回祖先發源地居住，跟隨王族的婦人不論外貌、才慧都較一般為姣好。

唱山歌

終於要臨著唱山歌了。怎說「終於」呢？是嚮往嗎？是早點解脫呢？尚未來川西前，就早已聽聞一路上必須唱山歌。這跟去新疆、蒙古同款同調的。既然停車唱山歌，就一定要大方，要快快找好遮蔽障礙物，當機立決。否則，下一個歌場可不知在哪兒？萬一領隊說要趕路，不由你時，你就要有口難言，只得摀著小腹忍著了。

因此只要停車，大夥便趕著去唱山歌。唱山歌躲在石頭後面唱最適宜，可是在藏區很多石頭堆千萬不可以亂蹲。有的石頭堆就是瑪尼堆，尤其襯上牛頭的，更是神聖。

所以快找樹林吧！其實路上只要有大車停在不該停、沒有景點停的，早心知肚明了，有人要唱山歌啦。

帕頭小紅娘

在「大渡河第一橋」橋頭，秋菊眼尖，看到三位老中少並排而行的嘉絨藏族婦女，立刻奔下餐廳樓梯，前去有禮貌的問詢，她想要拍她們的頭帕。

拍人像或人身上的飾物，都要得到他人的首肯，這是基本的尊重。由於我們答應只拍頭帕，也衷心讚美頭帕的好看，讓她們非常害羞，但也終於願意。那少婦的頭帕最漂亮，老婦人的頭帕則比較樸素。

後來參觀甲居藏寨時，那解說美女很大方的任由我們拍照和詢問。我看她的頭帕花樣有些像茶花。「石榴花」她說：「石榴花紅艷、漂亮。」

那茶花呢？「茶花第六。」

她說喜歡什麼花就繡什麼花。丹巴為美女谷，光看頭帕就覺得風情萬種。我們盯著村裡的姑娘找頭帕，就連樹下休息的姑娘都打擾了。

「我還有更漂亮的。」

甚麼時候戴？我們可以看到最漂亮的帕頭嗎？

這時那位漂亮的薩莫（美女）卻直搖頭了，澆我們一頭冷水：你們會住到有慶典日嗎？

原來逢有慶典日或集會時，全部族人競相盛裝，最漂亮的帕頭就會在圍圓圈的鍋莊舞群中飛躍。姑娘頭帕上所繡的花飾、紋路和式樣，代表了姑娘的聰明才智和能力財富。所以繡頭帕時，大家都會卯足所有的刺繡技藝，別出心裁，精工盡出，以求繡一方上乘的頭帕。

一方小頭帕，這樣嘔心瀝血？不僅因為戴在頭上好看，更可以因此吸引自己的意中人。

青年小夥子在舞蹈中藉機將中意姑娘的頭帕搶下，那可是很「嗨」的一刻，還有人助興，搶下了頭帕，才好作為下次赴約的信物。

哇！這我們可不敢小看那小小長七十五公分，寬五十公分的黑布或白布頭帕了。

異鄉的青年男子也可以搶嗎？

可以啊！

唉！太可惜了！隊上朋友，有的孫女都十七、八了。只有女兒未婚。

「可能要找人繡頭帕。「媽媽，你怎不說你女兒有一手好手藝？」

「還是不要參加的好，萬一不喜歡的人搶了你的手帕。」

男子搶走女方的頭帕後，被搶的女子非得向男子討回她的頭帕，但是姑娘對男方無好感，也無交往的意思，就會用各種藉口來回絕及請求諒解，男子也會很有風度的把頭帕歸還。男子搶頭帕絕不能對女方有任何粗俗或鹵莽的行為，否則不但會受到族人的譏笑和譴責，恐怕也很難找到好姑娘家了，因為凡是知情的姑娘從此都不會和他往來了。

彼此有意思的男女青年，按約定地點赴約，姑娘會約上幾個好姐妹，或村寨中的親戚一同去與男方相見，再依藏族風俗交往。

「你結婚了嗎？」

解說美女這下沒有回答，旋到矮牆上翹腳講手機去了。

「噯呀早該結婚了啦，藏族人家都早婚。」

「浦明飛說她參加過選美。」

「製造特效的話你也會相信，是長得不錯，可是真正的美人都進到中央歌舞團去了。」唉！話說得太直太明白了些吧？

犛牛火鍋

出二郎山往瀘定去的路上，已經約麼下午兩點鐘了。我們在路邊一家家庭小館用餐。

圓桌上一鍋冒著香氣的金黃色濃湯，外加幾盤青菜。

「犛牛火鍋。」得之領隊說。

犛牛好吃嗎？犛牛是神祕高原王國的神祕動物，藏人視牠為辟邪聖物，他的肉可以吃嗎？

「很好吃。吃一回，包准你還想吃。」

「喔！」女兒應了一句。「應該很敬重的吃用。」

店老闆端上許多調味來，有蔥、有醋、辣椒，這時才知燕玲非常愛吃辣，她調得紅通通辣辣一碗。

「我給你們半筋半肉。」在台北吃牛肉麵，不就有好吃的半筋半肉麵？

我看得老闆把一盤切得整齊的肉塊倒進鍋裡。聽說有的犛牛體重達五百公斤以上，看那肉塊好像是啊。

犛牛跟牛有什麼區別？

「犛牛火鍋有藏族風味。」地陪明飛說話了，他的話很少。犛牛體型比一般平地牛隻更為壯碩高大，有非常細長的毛，那細長的毛可以編織成線，做帳篷、繩索；再說一般牛隻有十三根肋骨，犛牛卻多出一根，為十四根肋骨。

湯頭裡就有毛牛骨頭。女兒還是喔的一聲。女兒跟我一樣，對食物的要求不高，但是不吃拜過的就是了。

滾燙的火鍋在寒凍的山風裡傳遞著熱暖暖的享受。青菜、豆腐在金色的湯底中沉浮，很鮮麗的視覺藝術呢！

由於犛牛以高原草類、苔蘚為食，即使雪地也可以啃雪補充體力，所以吃來毫無腥羶氣味。不過我對美食很外行，又奉行儉樸主義，不敢說懂得什麼品嚐滋味，不過燙出來的青菜真的很嫩、很鮮香。

大家吃得很開心，再加了一斤肉，一份青菜。

我吃了較平日兩倍量的青菜，暖呼呼的。希望可以抵禦晚上海螺溝的極冷吧！

酸菜魚

到四川一定要嚐嚐「酸菜魚」。

九二年我曾在成都吃過酸菜魚，覺得是我九寨溝行中最好吃的一道菜。可能平日我怕吃魚，對於魚的味道格外敏感，可是酸菜魚卻讓我忘記了魚味，享受那魚肉的柔軟。

來川西，很多餐飲店的看板上就大大寫著：酸菜魚、雅魚風味鍋。這趟出遊，在新四姑娘山莊外的家庭餐館，也嚐到了又酸又辣的酸辣魚。當然大陸各省的飲食都比較偏鹹，但是泡飯、澆麵後就比較平衡了。

我們圍著一桌。酸菜魚上來了。

辣不辣？

燕玲愛吃辣，我們其他人也很好說話，辣或不辣都能接受。

辣。

能外加一份麵嗎？

老闆問要甚麼麵？

我們跟老闆說只要白水煮麵。老闆很訝異也很不解，還拿了一把乾麵進來。

「對，對，就是煮這種麵，白水煮熟就好。」

哈，老闆出去煮麵了。一會兒後端上一盆子的麵條。老闆還是一臉不解。

我們高興的盛麵，再將酸辣魚淋澆上麵條中。好吃喔，夠勁，鹹淡正好，而酸跟辣味又完全保留。

唏哩呼嚕，寒凍中吃熱麵，一面吃一面無厘頭的聊天。沒有心機的閒談，可能就是這種輕鬆，幸福如此簡單啊！

酸菜魚的做法

堵車在桃關福堂隧道裡，枯燥無聊，聽得地陪跟領隊說他很會做酸菜魚，手藝一流。

這是個學習機會，我喜歡聽人家說料理，雖然我笨手笨腳，總是只會那幾樣菜餚。

由於地陪就坐在我斜前面，我可以聽得清楚。

材料：酸菜、草魚（一斤重左右）。

配料：辣椒（紅、尖、乾）、薑片、大蒜、花椒、郫縣豆瓣，芝麻。

調味料：胡椒粉、鹽、沙拉油、菜籽油。

烹飪過程：

一、準備階段

1 洗淨一條草魚，注意洗淨腹腔中的黑膜，剪去魚刺。

2 將魚身與魚頭分開，魚頭對切（不宜切斷）。

3 用手壓住魚身，沿魚脊骨從魚尾至魚頭上切，將魚肉片切開來。
（方向不要弄反了，不然煮出來的魚片會碎掉）

4 魚骨魚頭魚肉用一個雞蛋的蛋清和太白粉水攪拌備用。

5 上酸菜，一包兩包皆可，洗淨、切小段。

6 上辣椒，將辣椒切成小顆粒狀放入切好的酸菜中。

7 鍋中放油一半沙拉油一半菜籽油燒熱，待油有六成熱時將豆瓣、大蒜、生薑放入，拌炒一分鐘後將有辣椒粒的酸菜放入翻炒，炒至酸菜香氣溢出，然後加入魚頭魚骨，然後加水或高湯燒滾。

8 用漏勺將魚骨魚頭和酸菜撈起，放入待裝上桌的大盆碗中。

9 大火讓鍋中湯水再次沸滾，然後將魚片放入，再次沸騰後約十秒或二十秒，將湯及魚片倒入已經裝了酸菜的盆碗中。
（煮魚片時不宜翻動過多，才能避免魚片的散碎。）

10 將蔥段、胡椒粉灑在表面。

11 鍋洗淨，倒入少許的油，放入辣椒、花椒，炒至油熱為止，將此鍋內的做料全部倒入盆碗中。完成。上桌。開動。

實驗後記：

過年時遇上濕寒天氣，試做一次這種酸菜魚，自己動手做沒有想像中的那般複雜。我沒有菜籽油，就用茶油，地陪說一半沙拉油一半菜籽油，炒出來的酸菜格外有豐富的菜香。我選用一半沙拉油一半茶油，口感也很好，茶油也更有護胃的功效。

這也是旅行的心靈收穫。

履痕遊蹤

第一天　台北↓香港↓成都↓邛崍

成都到邛崍五十八公里，車程約一小時。

參觀平樂古鎮：這是個明清古鎮，有白沫江流過古橋、古街、古寺、古坊、古樹、古道、古堰，私奔碼頭尤其令人津津樂道。

這是西蜀南來第一鎮。

夜宿平樂古鎮。

第二天　邛崍↓雅安（七十四公里／高速公路）↓二郎山（一百一十公里）↓海螺溝（五十二公里）

沿途盡賞川西平原、蒙頂茶山，過茶馬古道雕像群後，進入雨城雅安。沿青衣江翻越四千一百七十六公尺長的二郎山隧道，到達瀘定縣。從瀘定縣沿大渡河谷到磨西古鎮，從磨西古鎮換環保車上海螺溝三號營地。

愛心叮嚀：由於只在海螺溝住一晚，行李以禦寒衣物為重，且以能收妥成小包最佳。因為上下山人擠物多，旅館人手不足，物品行李都需要自行提攜。

夜宿海拔二千九百四十公尺的海螺溝金山酒店。

第三天　出海螺溝↓磨西小鎮↓康定（八十公里）

早晨六點四十分起來看日出。日照金山、日照銀山，早起人的莫大恩典，令人興奮雀躍。

用餐後從三號營地步行林中來到索道購票處，搭乘索道橫渡海螺溝冰川的大冰舌，然後折行，順冰川方向向上行進，直達大冰瀑布（四號營地）的頂部，海拔三千四百公尺。從觀景台步行向下，可以近身撫觸冰川、冰舌，情景令人難忘。

午後，換乘景區環保車下山，經一號營地返回磨西小鎮，看一小段紅石峽、燕子溝後，溯大渡河谷到康定。

夜宿康定。

第四天　康定↓（一百一十公里　山路土路石粒路）丹巴↓（八十六公里）金川

從康定到丹巴，出折多河谷後仍是溯著大渡河谷上行。途中經梭坡石碉觀景台，遠眺在大渡河谷山坡上的梭坡碉樓群，成百的完好石碉錯落有致的林立，甚是壯觀。丹巴是千碉之國，也是美人谷。

午後深入探訪甲居藏寨，嘉絨藏區最具特色的民居村落，真如世外桃源。

從丹巴再上行，已經依傍大金川江了。大金秋色令人目眩神迷。

金川是著名的雪梨之鄉，香甜梨果一吃難忘。

夜宿金川。

第五天　金川↓（九十五公里）馬爾康↓（二百公里）↓小金↓沃日↓四姑娘山

出金川仍沿著大金川江上行，晨間探訪沙爾村神仙包。途中路經松崗鎮，發現就在路邊也不必門票有一藏寨，於是停車遊訪直坡藏寨，零距離的進入石碉內探一究竟，是此趟行程中很滿意的意外之景。

午後經梭磨河谷，過卓克基西索藏寨後進入夾金山、小金川江範圍。西索藏寨只停留十分鐘，可能是因為要門票，所以減省了。

車子上行攀爬至最高點夢筆山，下行經小金　、沃日，抵達日隆鎮新四姑娘山莊，一路秋景極美。

夜宿海拔三千二百公尺的新四姑娘山。

第六天　四姑娘山

中午一點半以前，遊四姑娘山雙橋溝景區。

下午三點至貓鼻樑看四姑娘山全景。

三點半後自由活動，搭燕玲車遊長坪溝至六點。

夜宿新四姑娘山莊。

第七天　四姑娘山↓日隆↓小金↓馬爾康↓米亞羅↓古爾溝↓桃坪↓汶川↓成都

最長的一日車程。夾金山山路段大雪覆蓋，第一次體會雪中行車。過馬爾康後豔陽溫暖，一路快馬加鞭，趕，趕，趕，趕行程。

早晨摸黑出發，夜晚十一點摸黑入住艾克美酒店。

夜宿成都。

第八天　成都↓台北。

早晨飯店閒逛，及至等地陪來，嚴重抗議表明才五分鐘可到的行程何以取消？於是地陪匆匆忙忙帶全團趕去原定的民間藝術公園參觀，處處可聽可觸摸。

可以動感的民間藝術真讓人驚嘆和流連。當然啦！四十分鐘看得非常有限，而且這一參觀午餐又省了，團友說：旅行社太精算了。

安全回家最重要，世事哪有十全十美的？川西美景夠你慢慢咀嚼的啦！

醸旅人4　PE0029

跑馬溜溜
──川西康定行

作　　者　陳亞南
責任編輯　蔡曉雯
圖文排版　郭雅雯
封面設計　王嵩賀

出版策劃　醸出版
製作發行　秀威資訊科技股份有限公司
114 台北市內湖區瑞光路76巷65號1樓
電話：+886-2-2796-3638　傳真：+886-2-2796-1377
服務信箱：service@showwe.com.tw
http://www.showwe.com.tw
郵政劃撥　19563868　戶名：秀威資訊科技股份有限公司
展售門市　國家書店【松江門市】
104 台北市中山區松江路209號1樓
電話：+886-2-2518-0207　傳真：+886-2-2518-0778
網路訂購　秀威網路書店：http://www.bodbooks.com.tw
國家網路書店：http://www.govbooks.com.tw
法律顧問　毛國樑　律師
總 經 銷　聯合發行股份有限公司
231新北市新店區寶橋路235巷6弄6號4F
電話：+886-2-2917-8022　傳真：+886-2-2915-6275

出版日期　2012年10月　BOD一版
定　　價　300元

Printed in Taiwan

國家圖書館出版品預行編目

跑馬溜溜：川西康定行 / 陳亞南著. -- 初版. -- 台北市：
釀出版, 2012.10
面； 公分. --（釀旅人；PE0029）
ISBN 978-986-5976-63-7（平裝）

1. 旅遊 2. 四川省 3. 西康省

672.76 101016395

讀者回函卡

感謝您購買本書，為提升服務品質，請填妥以下資料，將讀者回函卡直接寄回或傳真本公司，收到您的寶貴意見後，我們會收藏記錄及檢討，謝謝！如您需要了解本公司最新出版書目、購書優惠或企劃活動，歡迎您上網查詢或下載相關資料：http:// www.showwe.com.tw

您購買的書名：________________________________

出生日期：__________年__________月__________日

學歷：□高中（含）以下　□大專　□研究所（含）以上

職業：□製造業　□金融業　□資訊業　□軍警　□傳播業　□自由業

□服務業　□公務員　□教職　□學生　□家管　□其它_____

購書地點：□網路書店　□實體書店　□書展　□郵購　□贈閱　□其他

您從何得知本書的消息？

□網路書店　□實體書店　□網路搜尋　□電子報　□書訊　□雜誌

□傳播媒體　□親友推薦　□網站推薦　□部落格　□其他___________

您對本書的評價：（請填代號　1.非常滿意　2.滿意　3.尚可　4.再改進）

封面設計____　版面編排____　內容____　文／譯筆____　價格____

讀完書後您覺得：

□很有收穫　□有收穫　□收穫不多　□沒收穫

對我們的建議：________________________________

____

____

____

請貼
郵票

11466
台北市內湖區瑞光路 76 巷 65 號 1 樓
秀威資訊科技股份有限公司 收
BOD 數位出版事業部

（請沿線對折寄回，謝謝！）

姓　　名：__________　年齡：______　性別：□女　□男

郵遞區號：□□□□□

地　　址：__________

聯絡電話：(日) __________ (夜) __________

E-mail：__________